LA CHUTE

152

DE L'EMPIRE.

Y∓

8574

IMPRIMERIE ET FONDERIE DE A. ÉVERAT, 16, RUE DU CADRAN.

Par M. Ernest Charrière

Rappel dans l'...

à conserver

C.

LA CHUTE
DE L'EMPIRE,

DRAME-ÉPOPÉE,

PRÉCÉDÉ

D'UNE INTRODUCTION HISTORIQUE, OU CONSIDÉRATIONS
SUR L'AVENIR DE L'EUROPE.

Paris,

PAULIN, ÉDITEUR, 33, RUE DE SEINE.

1836.

PRÉFACE.

La courte période de l'empire réunit dans l'espace de quelques années toutes les alternatives de prospérités et de revers, tous les extrêmes de grandeur et d'abaissement : à des triomphes inouïs succèdent des catastrophes sans exemples ; hommes, actions, ressorts, tout y prend des proportions colossales : on s'y bat pour la domination du monde : des armées composées de plusieurs nations sont aux prises : des capitales incendiées, des trônes abattus, telles sont les péripéties de ce drame, sur lequel les éléments eux-mêmes viennent répandre une horreur surnaturelle et l'impression d'une fatalité mystérieuse. Nous ne sommes qu'à quelques années de distance, et déjà les faits ont pris cette teinte fabuleuse, les figures, ce tour héroïque, qui semblent les enlever au domaine de la réalité.

Ce qui frappe le plus au milieu du désordre de cette tempête, c'est l'inflexibilité de celui qui l'a soulevée. Nulle part il ne paraît plus grand que dans ces moments où la faiblesse de l'homme a plus encore à se défendre d'elle-même que de tout ce qui s'unit au dehors pour l'accabler; quand d'un mot il peut se sauver en transigeant avec ses ennemis, et qu'il se refuse à toute concession. On sent que cette inflexibilité a sa source dans la conviction d'une pensée supérieure, et que voyant la force échapper à la vérité qu'il conçoit, à défaut du triomphe il lui donne la sanction du martyre.

Là aussi est le secret de cette sympathie populaire qui s'attache partout à la renommée du fondateur de l'empire français. L'humanité ne se passionne que pour qui s'est passionné pour elle; et la gloire, dans la pure acception de ce mot, est la seule monnaie de valeur à payer un sacrifice. Si Napoléon est resté comme homme à une hauteur incomparable, si son nom est entré si avant dans l'admiration et le culte des peuples, c'est qu'il avait compris la loi de progression de l'humanité, et tenté de lui frayer la route avec son épée. En compromettant sa sécurité présente à la poursuite d'une réalisation prochaine, il a imprimé à sa gloire ce profond caractère de désintéressement sans lequel nos plus belles actions n'ont qu'une moralité douteuse.

C'est sous l'inspiration de ce sentiment que l'auteur aborda la composition de cet ouvrage. A l'époque où il fut entrepris, la France était dans toute la ferveur de la révolution de Juillet. On se rappelle que lorsqu'elle éclata, il se fit dans le monde comme un moment de silence et d'hésitation pareil au temps d'arrêt de deux grandes armées prêtes à s'entre-choquer. En effet, il semblait d'une part que l'Europe allait déborder sur nous avec toutes ses hordes envahissantes : de l'autre que la France, retrempée dans le repos, allait s'élancer de nouveau dans la carrière des conquêtes. Le peuple, comme pour mieux s'y préparer, s'était mis à ressusciter les souvenirs de la révolution, et surtout de l'empire. La mémoire encore pleine des injures d'une double invasion, il se prit d'enthousiasme pour la restauration poétique de celui qui en avait été la grande victime, sans trop s'inquiéter de la contradiction apparente qui faisait d'un despote le héros d'une révolution accomplie au nom de la liberté. Mais pour lui la question capitale était la question extérieure dont Napoléon était le représentant naturel. L'auteur, partageant la croyance générale, conçut l'idée de retracer une époque féconde en enseignements, et de remettre sous les yeux de la nôtre les pièces d'un procès que la guerre semblait appelée à réviser : c'est ce qui explique à la fois la forme et la pensée de cet ouvrage.

On a pu voir, d'après la manière dont nous l'avons envisagé, qu'à défaut des ressources du drame vulgaire, ce sujet pouvait s'appuyer sur l'intérêt d'un grand homme succombant sous la fatalité de son œuvre. Mais comme le sujet et le personnage seront toujours du ressort de l'épopée plutôt que du drame, l'auteur essaya de réunir ces deux formes dans un plan qui lui permît de déployer largement la lutte du principe français et du principe européen dans sa dualité naturelle, en se scr-vant d'un cadre que la liberté introduite au théâtre a fait passer en usage, et qui nulle part ne semble mieux justifié par le sujet. Au drame il emprunta son dialogue, son action directe, son mouvement progressif : à l'épopée, il prit sa variété, son allure homérique, ses épisodes et ses transpositions de lieux nécessaires dans un sujet qui embrasse le monde, et qui, commencé en Allemagne, vient se nouer à Moscou pour se dénouer à Fontainebleau. Il se donnait par là le moyen de mettre aux prises les trois grands intérêts de la société moderne, à la fois monarchique, aristocratique et démocratique, et d'expliquer par leur opposition les obstacles matériels et moraux que la pensée de l'empire a rencontrés dans l'esprit et les préjugés de l'époque. Dans un sujet trop voisin de notre temps pour qu'on pût s'écarter de l'histoire sans sortir de la vraisemblance, l'action ne devait être en quelque sorte qu'un prétexte, un lien pour en unir toutes les parties, sans gêner par le jeu des incidens le développement des caractères. Par l'adoption du contraste qui résultait de son plan, le mouvement des scènes populaires venait rompre l'uniformité d'une situation passive et réfléchie, et cette espèce de solitude nécessaire à l'expression du génie qui perd de sa majesté dans une communication trop fréquente avec la foule. En un mot, c'est la forme de la chronique de Shakspeare ; celle par laquelle Goëthe et Schiller, avec plus de liberté encore, ont su représenter, l'un le passage de la féodalité agonisante à la société moderne ; l'autre, l'épisode de la guerre de trente ans résumé dans la destinée d'un de ces aventuriers de génie qui naissent toujours dans les grandes convulsions des états.

Voilà pour la forme : quant à la pensée de l'ouvrage et à la moralité qu'il devait emprunter du passé pour l'instruction du présent, elle était écrite dans le mouvement qui s'opérait alors. La révolution de Juillet semblait annoncer le réveil des nationalités autrefois méconnues et foulées aux pieds par l'ambition de Napoléon, et qui, en se conjurant contre lui, avaient réussi à le renverser. Aujourd'hui, les rôles étaient changés ; d'oppressive, la France était devenue opprimée ; les nations qui avaient le plus contribué à l'asservir, avaient senti le même joug peser sur elles ; et cette communauté d'infortune les avait d'avance ralliées à sa cause dans l'éventualité d'une guerre générale. La pensée du poëte devait donc se proposer deux objets: aux peuples étrangers, il devait montrer par quel entraînement ils avaient été conduits à confondre la France dans leurs griefs contre son chef ; à la France, il devait chercher à inspirer le respect de leurs droits et à la mettre en garde contre le penchant qu'elle pourrait avoir à n'en pas tenir compte. A côté de cet enseignement, il y en avait encore un autre également à son adresse ; c'était, en lui montrant les prodiges de cet esprit de nationalité qui avait décidé sa défaite de la prémunir contre ce découragement et cette inconsistance de caractère dont elle avait donné la preuve dans la malheureuse année de 1814, époque à jamais déplorable de nos annales.

En effet, s'il faut accuser quelqu'un de la destruction de l'empire, c'est sans contredit la France. Il sera difficile d'expliquer dans l'avenir, et il est déjà heureusement devenu presque incompréhensible pour notre génération, comment, à deux années de distance, la France a pu se voir maîtresse et bientôt après esclave de l'Europe : comment il suffit à celle-ci d'une campagne de quelques mois pour venir à bout d'un pays comme la France. La fin du dix-huitième siècle présente une situation analogue dans la Prusse, contre laquelle presque toute l'Europe s'était coalisée, et qui, sans frontières, sans lignes de défense, sans presque former un corps de nation, soutint à elle seule tous les efforts de ses ennemis, en possession de son territoire et de sa capitale. L'affaissement de l'esprit public, qui fit de la France la complice silencieuse de ses ennemis, ne saurait s'expliquer par le trop long abus du pouvoir arbitraire, car le despotisme de Napoléon ne devait rien à celui du grand Frédéric. Certes, si elle était lasse de son gouvernement, il y aurait eu plus de générosité à elle de lever l'étendard de la révolte et de s'unir franchement à ses ennemis, que de rester dans une neutralité coupable qui ne lui laissait pas même sa propre estime pour la consoler de ses infortunes. Mais telle sera toujours la France, plus distinguée par la vivacité de ses affections que par leur constance ; dangereuse surtout pour quiconque lui impose la fatigue d'admirer long-temps la même chose.

En indiquant les idées qui l'ont dirigé dans cette composition, l'auteur ne se dissimule pas qu'il fait d'avance la critique de son ouvrage, par la comparaison de tout ce qui lui manque. Ce n'était pas seulement des événements peu maniables de leur nature qu'il s'agissait de faire entrer dans un cadre quelconque, il fallait encore résoudre une difficulté bien plus grande par l'invention d'un style qui arrivât sans effort à l'idéal poétique, tout en restant dans une vérité relative telle, qu'elle parût à des contemporains le reflet exact des passions et du langage de l'époque. On s'étonnera moins que l'auteur n'ait pas cherché à rendre son œuvre plus applicable à la scène, si l'on réfléchit qu'il aurait fallu pour cela faire le sacrifice de ses idées à des exigences qui en auraient détruit tout l'ensemble ; car aujourd'hui, avec le système mesquin qui domine au théâtre, un ouvrage qui veut être lu doit renoncer à se faire jouer. Il n'y a plus nulle part de place possible pour l'expression haute et sévère des caractères historiques ; et d'ailleurs, arrivant le dernier, il aurait rencontré cette répulsion naturelle d'un public pour un sujet long-temps exploité jusqu'à l'abus et au scandale. On sait combien de périls attendent les réputations de nos jours : avec la surabondance d'esprit que la France met au service de tous les partis, il est bien peu de renommées, même parmi les plus éclatantes, qui aient résisté et soient sorties entières du creuset de cette analyse incessante. Il n'est pas jusqu'à la popularité elle-même qui ne défigure le caractère des personnages par un type sans noblesse, aussi éloigné de l'art que de la vérité : et le succès qui flatterait le plus l'auteur de cet ouvrage, ce serait d'avoir restitué à son héros quelque chose de sa grandeur native, en le faisant reconnaître à l'accent de son langage et à la hauteur de sa pensée.

Un mérite purement littéraire ne suffit plus à un ouvrage pour attirer l'attention, et au milieu des fluctuations de la politique depuis cinq ans, on comprendra la raison qui l'a forcé de garder le sien, quoique conçu dans un ordre d'idées toujours subsistantes, mais dont les événements semblaient reculer l'application. S'il a cru devoir aujourd'hui le livrer à la publicité, c'est qu'une circonstance récente est venue ranimer de toute la puissance d'une vérité long-temps méconnue des questions qui se retrouvent plus irrésistibles en présence de la nécessité. Au moment où l'Europe est l'écho d'une rumeur qui grossit d'heure en heure, où les grands pouvoirs de l'état auront à discuter les intérêts les plus vastes qui aient agité le monde, il a cru faire acte d'utilité pratique, cette recommandation essentielle des œuvres d'art à nòtre époque, en mettant sous ses yeux, d'une part, le tableau d'une défaite qui portait en germe le triomphe que nous pouvons être appelés à consacrer définitivement : de l'autre, un examen raisonné des questions qui s'y rattachent, et leur solution prise d'un point de vue historique à qui sa nouveauté, il l'espère du moins, ne fera rien perdre de sa vraisemblance. C'est un document qu'il apporte dans une discussion prête à s'ouvrir sur un grand intérêt national, et que, plus que tout autre, il voudrait voir décider dans le sens de la gloire de la France et du progrès de l'humanité.

INTRODUCTION HISTORIQUE,

OU

CONSIDÉRATIONS SUR L'AVENIR DE L'EUROPE.

Le commencement du XIXᵉ siècle a été marqué par l'érection d'un grand empire français, dont la ruine a suivi de près la fondation. Il n'y a guère plus de vingt ans, la France, à divers titres, tenait sous sa dépendance l'Espagne, l'Italie, la Confédération du Rhin : elle allait commencer pour l'Europe une ère nouvelle, interrompue tout à coup par une succession d'événements qui replacèrent ces états à peu près dans leurs anciennes conditions d'existence, et firent perdre à la France tout ce qu'elle devait au développement d'une grande révolution et au génie d'un grand homme. Ces catastrophes ne se produisent jamais sans un ébranlement qui continue au fond de la société long temps encore après que l'agitation a cessé à la surface : car un effet non moins désastreux que le désordre matériel qu'elles occasionnent, c'est la lésion morale causée par elles dans le caractère des peuples qui les subissent.

Ainsi, il s'est formé assez généralement une opinion qui semble considérer la période de l'empire comme en dehors de notre histoire. Les faits qui appartiennent à cette époque, sans proportion avec la nôtre, parlent plus à notre imagination qu'à notre sympathie. Semblables au grand écrivain de la restauration, qui ne savait comment placer Napoléon dans la liste des rois de France, ni comment l'en retrancher, nous n'acceptons pas sans restriction un héritage qui implique une responsabilité dont s'alarme notre faiblesse. La transition brusque et violente, qui fit passer la France d'une domination presque universelle à un état restreint de dépendance, a laissé son impression dans les esprits : de là ce désaccord perpétuel entre nos pensées et nos actions ; cette hardiesse dans les unes et cette pusillanimité dans les autres.

Et cependant la France ne peut se donner éternellement un démenti à elle-même, dénaturer le sens de ses actes, circonscrire leur portée selon le besoin ou l'intérêt du moment. Elle ne s'est encore relevée qu'à demi du choc qu'elle a reçu, et elle n'a pas repris dans l'Europe la place que lui assignent ses lumières, sa civilisation et les antécédents de son histoire. Il importe donc d'entretenir cette religion et cette foi nationale, qui, pour les peuples, forme une partie de leur puissance, et qui permet, dans les vicissitudes des états, d'invoquer comme des droits des traditions devenues impérissables quand elles sont entrées dans l'esprit des générations. Nous nous proposons d'examiner si l'entreprise conçue par l'empire de réunir la plus grande partie de l'Europe sous une même loi, fut le travail d'une ambition imprévoyante qui ne cherchait qu'à se satisfaire brutalement, en brisant tous les rapports des peuples entre eux ; conception éphémère d'un homme et qui a dû périr avec lui : en un mot, si nous devons la considérer comme un brillant hors-d'œuvre sans racines dans le passé, et sans influence dans l'avenir.

C'est un des pressentiments particuliers à notre âge que celui qui fait présager à tout le monde le prochain avénement d'une unité politique, résultant de l'uniformité de lois et d'intérêts entre les peuples. Cet état précaire d'une société qui se cherche sans se trouver, qui va d'un principe à l'autre sans se fixer à aucun, ce caractère transitoire qui conserve toutes ses institutions, prouve qu'elle n'a pas encore rencontré son assiette naturelle. C'est donc un service à lui rendre, d'essayer, en réfléchissant ses idées, de les faire sortir du vague où elles s'agitent : de justifier ses prétentions à ses propres yeux, en les confirmant par l'expérience ; enfin de lui abréger la route et de lui épargner les tâtonnements, en lui indiquant nettement le but qu'elle doit atteindre.

L'unité est la première expression de la société ; elle doit être aussi le dernier mot de la civilisation. Qu'on prenne la société à son berceau, on verra qu'elle procède d'après cette loi fatale de l'esprit humain, qui du premier effort atteint à la vérité, et n'arrive néanmoins à l'exprimer qu'après bien des détours et des erreurs sans nombre. L'homme ayant fait la société à son image, elle a dû participer de l'inconséquence de sa nature. Au dessin ferme et précis d'un ordre général dont il était lui-même le symbole, il substitue une foule de combinaisons secondaires où la perception première s'efface et se perd. Seulement, et de temps à autre, il la recouvre par des secousses soudaines qui le remettent violemment dans la voie qu'il avait quittée, et le rappellent au sentiment de l'idée primitive. Au contraire, qu'on parte des sociétés modernes pour remonter à leur formation, et on verra que, partout débris d'un ordre général antérieur, elles ont dû leur existence à l'esprit de spécialité développé dans un espace circonscrit, et qui a constitué de petites sociétés dans la grande. Cette croissance individuelle, parvenue à son terme, un nouveau besoin se révélait en elles, celui de répandre au dehors leur vie intérieure, et d'y faire entrer les autres peuples restés à leur égard dans une infériorité relative. A cette époque, qui est celle de leur grandeur, et qui est également signalée par leurs progrès dans les arts, les institutions civiles et la guerre, il se trouve toujours à point nommé un de ces hommes providentiels qui s'emparent de ces éléments et les font servir à la reconstruction d'un ordre général obéissant à une seule impulsion.

Aussi l'histoire n'est, pour ainsi dire, que le récit des tentatives faites successivement par chaque peuple pour arriver à l'unité, flambeau qu'ils semblent se passer de main en main. Toutes ces tentatives ont eu le même sort ; après des succès brillants et partiels, elles ont avorté :

2*

formées dans des temps de civilisation incomplète, tous les faits qui se produisaient en dehors du cercle borné qu'elles avaient embrassé, étaient pour elles autant de principes de dissolution.

De nos jours, la société se débat entre deux mouvements contradictoires, qui ont plus ou moins travaillé les anciennes sociétés. Par ses opinions, par ses besoins, par ses intérêts d'avenir, elle tend invariablement à l'unité, tandis que le présent, appuyé sur des intérêts artificiels qu'il craint de voir périr dans cette transformation lui oppose une répulsion secrète. Ce qui arrête le plus les vérités dans leur marche, c'est l'impossibilité apparente de l'exécution. L'homme, jusqu'à épreuve du contraire, est porté à croire que les mêmes choses ne peuvent se produire que de la même manière; et les progrès de la civilisation ayant pour effet d'annuler chaque jour davantage la puissance de l'individu sur les masses, on doute qu'on puisse voir s'opérer par elles ce qui jusqu'ici a été dû à l'action d'une volonté unique. Mais désormais, l'unité ne viendra plus par un homme, incarnation vivante d'un système : elle sera le résultat de la raison universelle.

Et d'abord ce mot d'unité, pris dans son acception la plus large, n'emporte-t-il pas un sens trop absolu? Comme toutes les choses de ce monde, elle a ses limites qu'il importe de définir. On sait que le vice de tous les systèmes a toujours été l'absence de bornes précises qui les reléguait au rang des idées chimériques et impraticables. De ce nombre est l'idée de *monarchie universelle* attribuée mal à propos à des hommes dont le premier mérite fut de porter dans les projets de leur ambition une sûreté de vues et une rectitude de jugement supérieures à leur temps. Notre premier soin sera donc de dessiner en quelque sorte le cadre où l'unité doit se produire pour rester en rapport exact avec la nature.

En examinant la marche progressive de cette idée dans les applications qu'elle reçoit de l'histoire, nous devons remonter bien haut, car nous croyons nécessaire, pour en fixer la limite, de prendre les peuples de l'Europe à leur point de départ, et d'y chercher la synthèse puissante qui se fait sentir en eux à travers les siècles.

En effet, il y a une histoire antérieure à toutes les autres, à laquelle on n'a pas accordé assez d'attention, faute
de moyens pour l'étudier. C'est celle des temps qui ont
précédé la première tentative de civilisation générale en
Europe, c'est-à-dire l'établissement de l'empire romain.
Avec nos habitudes d'érudition, nos idées ne remontent
guères au-delà de la conquête romaine, qui seule nous
offre les monuments écrits de l'existence des peuples
qu'elle a soumis. A nos yeux, les vainqueurs ont remplacé les vaincus, sans songer au petit nombre des uns,
et à la multitude des autres : sans réfléchir surtout combien les révolutions les plus complètes en apparence chan-
gent peu au fond les grandes masses d'hommes.

Eh bien ! selon nous, c'est là, c'est dans cet état pri-
mordial et constitutif de l'Europe, que se trouve écrit
son avenir. L'histoire, prise de ce point de vue, présente
un dessin régulier, qui, envisagé différemment, ne laisse
à sa place qu'un chaos inexplicable. Si la multiplicité des
faits particuliers a pu obscurcir à nos yeux leur relation
générale, à travers les transformations successives de la
société, et sous la face changeante des choses humaines,
on sent une immobilité fondamentale qui entraîne tout par
son poids, pareille à la force secrète qui retient les mers
dans leurs bassins. Qu'on cherche le principe de cette
stabilité, on le trouvera dans ces deux grandes lois de la
nature, la simplicité et la perpétuité des races.

Sans vouloir entrer dans la question des origines, nous
devons d'abord exprimer un fait qui nous semble hors
de contestation, c'est que partout, du moins dans leur
forme actuelle, l'homme et la terre sont contemporains :
c'est-à-dire, que dans chaque continent et dans des zones
tranchées, se trouvent cantonnées des races dont l'organisation est en rapport direct avec le sol et les accidents
de la nature. L'Européen fut créé originairement pour
l'Europe, aussi bien que le Nègre pour l'Afrique, et l'In-
dien que nous avons trouvé disséminé sur le continent
américain l'avait été pour le Nouveau Monde. Puisque la
nature a pris la peine de former chez les Lapons et les
Esquimaux une race d'hommes spéciale en compagnie

du renne et de l'ours blanc, il est à croire qu'elle n'a pas été moins libérale pour des climats plus favorisés. Ainsi tombent tous ces systèmes qui recomposent la famille humaine, en placent le berceau dans l'Asie, et font venir les premiers habitants de l'Europe par des émigrations dont on note les voyages, les stations et les établissements.

Nous croyons qu'on a pris l'effet pour la cause, et confondu généralement les races émigrantes avec les races indigènes. Le principe de la civilisation des races était dans leur inégalité, car si elles s'étaient développées simultanément, elles seraient restées étrangères l'une à l'autre, ou plutôt leur enfance se serait perpétuée à jamais. C'est de leur croisement et par suite du mélange de leurs qualités, que devait résulter la perfectibilité du genre humain. Si l'homme est ancien, la civilisation est récente, ou du moins celle dont il nous est permis de juger, et on peut croire qu'elle a dû passer par bien des degrés avant d'arriver à une formule nette et distincte. Nous nous arrêterons seulement aux deux degrés les plus voisins l'un de l'autre, et qu'on retrouve, même encore de nos jours, à l'aurore de toutes les sociétés. La civilisation, et le mot seul l'indique, a pour base la cité, création étrangère et fortuite que la nécessité a dû inspirer à des peuplades nouvelles transplantées dans des régions inconnues, sans relation avec leurs habitants. A toutes les époques et sous toutes les latitudes on lui trouve ce caractère d'origine étrangère qui lui était nécessaire pour en acquérir toutes les propriétés. En effet, les grandes nations qui ont eu en apparence une civilisation indigène, comme la Chine, l'Inde et l'Égypte sont restées toutes stationnaires et privées du mouvement progressif inhérent à la civilisation de seconde main.

Ainsi, pour arriver à l'intelligence de l'histoire, il faut tenir compte de ces deux principes permanents au fond des sociétés ; la civilisation, ordre nouveau d'idées, de mœurs, d'habitudes, venues du dehors, implantées par la conquête ou propagées par l'imitation : l'*indigénat*, état primitif des races au degré immédiat au-dessus de l'état de cité, qui suppose la vie nomade, l'absence de villes, ou du moins de monuments durables par lesquels la cité dessine sa personnalité et la transmet d'âge en âge à travers la mobilité qu'elle introduit dans les institutions. Si les races indigènes n'ont point cet avantage, elles doivent leur perpétuité à leur nombre comparativement supérieur ; et quoique la face de l'Europe ait changé bien souvent, on peut dire qu'au fond elle est restée matériellement la même.

Cette distinction admise, il en ressort pour notre temps une vérité qui deviendra chaque jour plus sensible. Gouvernements, états, délimitations de territoires, tout cela, fait en dehors des races, a bien pû avoir une force positive, une durée de compression et de violence, mais est destiné invinciblement à périr du jour où, mis en présence de la réalité, elle les transforme en fictions dangereuses. De là l'atonie incurable dont sont atteints la plupart des gouvernements, depuis que les institutions tendent partout à rendre la parole à des intérêts long-temps muets et étouffés, et à ramener les peuples à leur instinct natif, mais avec l'expérience de plus : cercle inévitable dans lequel tourne l'humanité. En effet, toute l'histoire peut se résumer en quelques lignes : unité résultant de la faiblesse et de la simplicité des races, suivie de l'action violente de ces races les unes sur les autres, et par suite anarchie et fractionnement : alors recomposition par la force individuelle, tantôt de l'unité qui outre-passe ses limites, tantôt reste en-deçà, imperfection qui amène des révolutions nouvelles : enfin, et c'est la période où nous sommes entrés, renaissance par la diffusion des lumières dans les masses de leurs rapports originaires, et organisation des états d'après les idées constitutives de la famille humaine. C'est là le grand travail de notre époque, entravé autant par l'hostilité des gouvernements que par les préjugés de ceux mêmes qui ont pris pour mission d'éclairer les peuples. A mesure que nous avancerons dans l'exposition de notre système, on reconnaîtra mieux à quelle fin nous cherchons ici à restituer à l'humanité ses titres perdus ou effacés.

En partant des principes que nous avons posés, et en consultant plutôt l'esprit des faits que la signification qu'on est convenu de leur donner, nous serons amenés à conclure que le continent européen appartint de tout temps à deux races distinctes, qui occupaient alors le même sol qu'elles occupent aujourd'hui. De ces deux races la plus anciennement constituée en nation, fut la race celte. La forme insulaire et péninsulaire du sol qu'elle couvrait étant la plus favorable à la constitution des sociétés par la facilité de communications qu'elle établit, contribua également à la rendre plus accessible aux révolutions qui altèrent la physionomie originale des peuples. Néanmoins la communauté de la race celte éclate et paraît démontrée même dans les écrivains romains qui partout la rencontrent, en Espagne, dans la Gaule, dans la Grande-Bretagne, dans la Germanie, et dont l'Italie elle-même n'était qu'une des ramifications sur laquelle était venue se greffer la civilisation de l'Orient.

L'existence d'une race est prouvée par la ressemblance de la physionomie physique et morale des peuples, l'identité de culte, de lois, de traditions et d'usages : enfin, et cette preuve est la plus décisive, par la communauté d'idiome et de langage. Ainsi, pour en donner un exemple, la race slave, qui s'est multipliée peu à peu dans les vastes déserts où se trouvent aujourd'hui la Russie, la Pologne, la Hongrie, etc., a dû à ces circonstances locales sa lenteur à se réunir en nation et sa récente constitution sous cette forme. Mais par cela même, ayant dû éprouver moins d'altérations par les invasions et les bouleversemens politiques, elle est la plus facile à constater. Il est évident que puisque le Poméranien des bords de la Baltique, le Bohémien et le Polonais du centre de l'Allemagne, le Dalmate de l'Adriatique et le Bulgare de la mer Noire peuvent s'entendre et presque converser avec l'indigène du Volga et du Don, ils appartiennent à la même famille, sans parler des autres traits de ressemblance qu'on pourrait leur trouver encore.

Sans doute ce genre de preuves est plus difficile à établir pour la race celte, puisque pour démontrer par celle du langage la communauté d'extraction de l'Allemand et de l'Anglais avec le Français, l'Italien et l'Espagnol, il faudrait pouvoir recomposer leurs langues primitives en fouillant dans les dialectes populaires ; peut-être y retrouverait-on les analogies d'une langue commune aussi bien aux tribus germaines ou gauloises qu'aux populations indigènes de l'Italie, avant que l'idiome latin n'eût été coulé dans le moule grec. Quoi qu'il en soit, et dans l'impossibilité d'ôter à ces assertions ce qu'elles ont de conjectural, on peut du moins s'appuyer des lois constantes de la nature. L'existence de la race slave, au degré d'extension qu'on lui trouve, suppose comme une corrélation mathématique celle de la race celte dans une proportion égale. Si celle-ci a reçu des modifications plus tranchées du temps et de la diversité des lieux qu'elle occupait, ces différences ne constituent point des variétés assez fortes pour former des espèces distinctes ; et il suffit du simple rapprochement des faits historiques pour en voir sortir son unité aussi expressive, aussi complète que possible.

A l'époque où la civilisation orientale se fit jour à l'Occident, ce continent couvrait de ses forêts séculaires un sol sans cités, habité par des populations vierges et cependant nombreuses, à en juger par les essaims qui en sortaient de temps en temps, et venaient révéler leur existence aux peuples déjà policés de l'Orient : Carthage et Rome furent les instruments de cette transformation, qui fit rompre l'Occident avec un passé sans monuments et dont les traditions incertaines se confondirent avec des idées et des mœurs nouvelles. Carthage ne fit guère que préparer les voies à sa rivale : son origine purement orientale devait être un obstacle à ce qu'elle y pénétrât profondément : à Rome au contraire le principe oriental avait commencé par se fondre avec des éléments empruntés à l'Occident, et de leur combinaison sortit une civilisation plus appropriée au caractère des peuples sur lesquels elle devait agir. Placée la première par le voisinage de la Grèce dans la direction de ce grand courant civilisateur qui soufflait d'Orient, elle s'est trouvée merveilleusement postée pour faire communiquer avec lui l'Occident encore barbare. Néanmoins, l'unité romaine ne pouvait subsister d'une manière durable, parce qu'elle confondait deux natures incompatibles, et dont le mélange avait introduit d'avance le principe de sa dissolution future. C'est toujours par là que l'unité a péri, faute d'avoir connu les bornes qui lui sont propres. La scission de l'Orient et de l'Occident marqua bientôt d'une manière éclatante les limites que la civilisation romaine avait dépassées. Sa domination ne fut partout qu'une occupation militaire du sol ; mais comme elle appartenait par son origine à la grande famille celtique, elle a laissé parmi nous des traces plus profondes que dans l'Orient, où le génie asiatique et africain s'est promptement débarrassé de ses empreintes. L'Occident, rendu à lui-même par cette séparation, reprit insensiblement les traits sauvages de sa première physionomie, et prépara de plus en plus l'avènement de la société barbare.

L'invasion barbare ne fut au fond que la réaction du Nord sur le Midi. Le grand caractère de ce mouvement appartient à la race germanique qui a fondé la société nouvelle et lui a donné ses lois, ses mœurs et jusqu'à son langage. Sa domination se substitua partout à celle de Rome au même titre que la sienne, et l'Occident fut germain pendant plusieurs siècles, comme il avait été romain jusqu'alors. La communauté d'extraction du Germain avec l'ancien Gaël ou Gaulois, et par conséquent avec toutes les autres branches de la famille celtique, ne peut être mise en doute. Ces peuples en étaient alors à peu près au degré de civilisation où Jules César avait trouvé les Gaulois du nord de la Gaule à l'époque de sa conquête, et ils durent rencontrer de singulières facilités à s'assimiler des populations rendues par eux à leur instinct primitif. S'il était possible de contester cette identité, son évidence ressortirait surtout de son action rapide et immédiate sur la société. Comment sans cela expliquer cette rénovation si complète, si radicale. La forme du gouvernement peut bien changer subitement, mais il faut plusieurs siècles pour altérer le fond d'une société. En chercherait-on la cause dans la multitude des envahisseurs qui auraient remplacé les anciens possesseurs du sol ? Mais sans doute la rapidité des invasions, les catastrophes qui marquaient leur passage, tout a dû faire illusion sur le nombre de ceux qui les compo-

saient. Les peuples ne s'improvisent pas, et l'état matériel
de la Germanie à cette époque ne suppose pas les moyens
d'entretenir des nations bien nombreuses. D'ailleurs une
dépopulation effrayante aurait dû suivre ces émigrations,
et on ne voit pas que les pays d'où elles sortaient en aient
beaucoup souffert : au contraire, dès cette époque la
Germanie, qui en avait été isolée jusque là, se trouve associée au mouvement du reste de l'Occident et en communauté de progrès avec lui. Les villes y remplacent les
forêts, et les gouvernements deviennent réguliers à mesure que les populations se fixent.

   Nous insistons sur cette communauté de la race latine
et de la race germanique qu'aucune différence essentielle
ne sépare, parce qu'elle est décisive dans notre système.
Le voisinage des civilisations étrangères, le mélange plus
fréquent des peuples, ont donné au Midi une teinte prononcée qui tranche avec le Nord ; contraste qui se retrouve d'ailleurs en particulier dans chacun des états
membres de la grande famille celtique. En effet, la France
comme l'Angleterre et l'Allemagne, comme l'Espagne
et l'Italie elle-même, ont chacune leur zone méridionale
et septentrionale qui offrent des nuances pareilles sans
que cette distinction nuise à leur ressemblance générale.
Ces deux races qui ont successivement fondé l'unité de
l'Occident, y sont restées représentées par les intérêts
sociaux de l'ordre le plus élevé : la première en rapport plus
immédiat avec les idées scientifiques et acquises, l'unité de
gouvernement et de religion, la vie de cité, etc. ; l'autre
en communication plus directe avec la vie rurale et domestique, les traditions locales, les influences de race et
de famille. Cet antagonisme qui se reproduit à chaque
époque sous une forme nouvelle, tantôt politique, tantôt
religieuse, a été le principe le plus actif de la civilisation
moderne et en a fait la profonde originalité.

   Le règne de Charlemagne fut l'apogée de la domination
germanique. Dans une race qui avait à un degré inférieur
le sentiment de l'unité, puisqu'elle était venue faire
prévaloir le sentiment individuel, toute idée d'organisation générale ne pouvait être prise qu'en dehors d'elle.
Charlemagne, pour restaurer la puissance impériale,

entrepr it de mettre d'accord les nouvelles institutions des
barbares avec ce qui restait des institutions romaines, en
donnant à celles-ci le prestige de l'autorité religieuse. Le
christianisme, qui s'était installé malgré les persécutions
des empereurs, jusqu'à les forcer de capituler avec
lui, se trouvait tout organisé pour résister à la violence de l'invasion barbare et continuer sur elle cette
œuvre de conversion qu'il avait exercée sur la société
païenne. L'uniformité des institutions cléricales présen-
taient partout les bases d'une unité nouvelle, au milieu
du morcellement qui préparait le régime féodal. Les
papes, ces véritables souverains du moyen âge, grandis
à l'ombre de la puissance impériale, profitèrent de son
affaiblissement pour rallier ces éléments à leur système,
et rendre au Midi l'action civilisatrice qu'il avait perdue.
Par une habile confusion du respect traditionnel qui en-
tourait encore le souvenir de Rome, avec celui qu'inspi-
rait leur caractère sacré, ils rattachèrent la société au
Vatican comme elle l'avait été auparavant au Capitole.
Cependant toute usurpation ne peut s'arrêter sous peine
de périr : pour que l'illusion sur laquelle se fondait
toute leur puissance pût durer, il fallait qu'elle fût complète. Rome, qui avait été par sa position le pivot de deux
mondes, avait cessé d'être un point central, et n'avait
que le vide derrière elle pour résister au poids de l'Occident. Aussi s'attacha-t-elle à ressusciter de fait comme
de nom la puissance qu'elle remplaçait. Les croisades,
ces grandes expéditions entreprises pour elle, furent
conçues dans le dessein de faire rayonner son action
dans la même circonférence où s'était déployée l'unité
romaine. Les triomphes de l'islamisme et l'essor qu'avait
pris par lui le génie oriental, firent évanouir cette prétention : aussi, c'est du mauvais succès des croisades
que date le déclin de la puissance de l'église romaine.
Reléguée à une extrémité de l'Occident, réduite à se
constituer en monarchie italienne, elle ne put pas même
atteindre à ce résultat par l'effet de son principe, qui la
destinait à une domination universelle.

Charles-Quint arriva au moment où le pouvoir religieux était en décadence et où les grandes monarchies

despotiques se développaient sur la ruine de toutes les résistances particulières créées par le régime féodal. Les lois mêmes de ce régime sur l'hérédité avaient accumulé dans ses mains les immenses domaines de la maison d'Autriche; la puissance impériale ajoutée en sa personne vint lui donner sur le Nord l'ascendant qu'il exerçait sur le Midi. Aucun prince ne s'est mieux trouvé en position d'embrasser l'unité sous son double aspect et de l'asseoir sur une base solide, et il y serait parvenu sans la résistance opiniâtre qu'il rencontra dans la France. Il avait habilement concilié en lui les prétentions opposées des empereurs et des papes : en se faisant le champion de l'église contre la réforme, il fit du pouvoir religieux l'auxiliaire du pouvoir despotique; politique imitée depuis par tous les princes qui ont aspiré à l'unité.

La France, séparée la première du vaste système de Charlemagne, était par sa position centrale la mieux placée pour tenter une entreprise de cette nature. Elle pouvait se porter héritière de la race teutonique et de la race romaine, car elle participait de toutes deux : la fixité du principe monarchique, mieux défini chez elle que partout ailleurs, contribua à lui donner une force progressive qui triompha de tous les germes de dissolution intérieure et extérieure. Le droit féodal lui constituait une suprématie sur deux puissantes maisons, qui, sorties de son sein et rattachées à elle par les liens de vassalité, donnaient une extension immense à son pouvoir nominal. Mais les rois d'Angleterre et les ducs souverains de Bourgogne étaient trop puissants pour rester vassaux : aussi toute son histoire n'est-elle que le récit de sa lutte avec ces éléments intérieurs; lutte dans laquelle les rois d'Angleterre faillirent devenir rois de France, et finirent par perdre toutes leurs possessions continentales. La maison de Bourgogne, plus maltraitée encore, y périt tout entière, et sembla revivre dans Charles Quint pour prolonger sous une autre forme son antique rivalité. Menacée dans son existence par ce prince et son fils Philippe II, la France passa, sous leurs successeurs, de la défense à l'agression; et ne s'arrêta plus dans ses progrès qu'elle n'eût englouti la plus riche partie de leurs domaines.

Louis XIV appuya la politique de sa maison de toute la force d'un perfectionnement social qui avait trouvé, en quelque sorte, la langue de la civilisation et fixé le caractère de son universalité. Son système politique, basé sur l'unité catholique, se résumait dans l'accession des Stuarts en Angleterre, l'abaissement de la Hollande, cette citadelle du protestanisme, et enfin l'éventualité de la succession espagnole. La confusion de l'idée religieuse avec l'idée politique, qui avait fait échouer le projet de Charles-Quint, fut également funeste à celui de Louis XIV. Elle assura sa domination sur le Midi, mais elle lui fit perdre le Nord, où l'Angleterre se mit à la tête des intérêts protestants et rallia les éléments de la résistance allemande qui avait amené précédemment la séparation de la portion germanique de l'héritage de Charles-Quint. Sous cette forme nouvelle, elle ressuscita sa rivalité ardente du moyen-âge, et commença cette lutte terrible, tantôt ouverte, tantôt cachée, qui a duré deux siècles et s'est prolongée jusqu'à nous avec quelques rares intermittences.

Il faut chercher les causes d'une hostilité si vivace ailleurs que dans une opposition systématique. L'Angleterre est condamnée par la nature à demeurer circonscrite dans les limites qu'elle lui a tracées. Tandis que les autres peuples ont tous devant eux une carrière d'agrandissement naturel, elle seule ne peut s'étendre, et toute sa politique consiste à empêcher l'extension des autres états. Du jour où un seul peut rompre l'égalité de proportions avec elle, son influence décline d'autant. Mais c'est surtout à l'agrandissement de la France, en considération de son voisinage, qu'elle s'est opposée avec une énergie égale au péril qu'il lui faisait courir.

Cependant, pour obéir à cette loi d'agrandissement, qui est la loi du mouvement et de la civilisation, elle a cherché à suppléer à ce qui lui manquit. A l'exemple du Portugal et de la Hollande, qui s'étaient élevés au rang de puissance par un large développement de la marine et du système colonial, elle tourna son génie vers des con-

quêtes lointaines, et, avec une hardiesse inconnue jusqu'alors, elle se créa de vastes empires sortis tout entiers
de son sein et qui n'ont d'autres liens avec elle que ses
vaisseaux. Elle jeta deux empires anglais, l'un dans le
nord de l'Amérique, l'autre dans le midi de l'Asie, en
même temps qu'elle combattait pied à pied la France sur
le continent, et profitait de l'avilissement du principe
monarchique sous les successeurs de Louis XIV.

Le catholicisme et le protestantisme, dernière expression religieuse de la double force morale qui avait constitué la société moderne à sa naissance, un moment ra-
nimés, s'étaient épuisés dans leurs démêlés à la fois politiques et théologiques sous Louis XIV. Au plus fort de
leur querelle naquit, du progrès des sciences physiques,
en Angleterre, la philosophie sceptique du xviiie siècle,
qui était la négation de ces deux formes usées, et qui devait préluder par le radicalisme religieux au radicalisme
politique. Son principe actif, inoculé à la France, opéra
ce que n'avait pu faire jusque là le protestantisme armé
et appuyé sur des institutions civiles. Mais la chute de
l'édifice religieux devait entraîner celle de l'édifice politique, qui se trouvait lié trop intimement avec lui. Cependant l'Angleterre sentit la première atteinte de l'arme
qu'elle avait aiguisée; et le nouvel esprit philosophique fit
la première application de ses principes en fondant l'indépendance américaine, suivie de près par le grand
mouvement de rénovation sociale accompli par la révolution française. L'aristocratie britannique sentit le sol
trembler sous elle : éclairée par le sort de l'aristocratie
française disparue avec les vestiges de l'ancienne société,
elle s'arma du courage du désespoir. Elle réchauffa toutes
les vieilles passions de l'Angleterre qui, saisie d'un nouveau
paroxisme de fureur, jeta dans cette guerre à mort tous
les trésors de son industrie et ceux de l'univers devenu
tributaire de sa haine contre la France. En vain Napoléon,
en disciplinant la nouvelle société révolutionnaire, cher-
cha à la rapprocher de l'ancienne; l'Angleterre, pour sa
part, ne voulut jamais entendre à aucune transaction
dont la première base établissait, pour la France, un
droit d'extension que sa proximité lui rendait mortelle,

et elle ne s'arrêta que quand elle fut maîtresse de l'homme qui l'avait secouée sur ses fondements.

De l'origine de cette lutte inconsidérée, entretenue pendant deux siècles, date l'apparition sur la scène d'une nation restée jusque là en dehors du cercle que la politique européenne s'était tracé, et qui, dès ses premiers pas, vint s'y placer au premier rang : nous voulons parler de la Russie, dont il nous faut reprendre l'histoire de plus haut.

L'éclat que la civilisation répand sur les points qu'elle éclaire a pour effet de laisser dans l'ombre toutes les autres parties où ses intérêts ne s'agitent pas. Nous-mêmes, tout absorbés que nous sommes par cette contemplation, quand, par le cours des choses, des éléments étrangers viennent s'y mêler fortuitement, nous leur cherchons des affinités avec nous, afin de les faire rentrer dans notre point de vue, plutôt que de nous rendre compte de leur préexistence et des dissemblances qui viennent le déranger. Ainsi est-il arrivé pour la race slave, confondue mal à propos avec la race celte. On n'a pas soupçonné généralement que c'était là un monde nouveau qui s'ouvrait à l'histoire, un ordre d'idées et de faits développés en dehors des règles applicables à l'Occident. Non qu'il n'y ait entre eux aucun lien : mais d'un côté, la civilisation est sur son terrain qu'elle remue et laboure en tout sens ; de l'autre, elle agit, pour ainsi dire, excentriquement ; et quoiqu'elle préside encore à la génération des faits, le milieu dans lequel ils se produisent n'est plus le même.

A l'époque de la grande scission de l'empire d'Occident et de l'empire d'Orient, un mouvement parallèle à celui qui précipitait les races celtes vers Rome, entraînait les races slaves vers Constantinople ; car la péninsule hellénique, théâtre de la civilisation grecque, a dû être primitivement partie intégrante de la terre slave, par la même loi qui nous a fait rattacher à la terre celte la péninsule italique, théâtre de la civilisation romaine. L'empire grec, qui avait retiré à lui toute la vitalité qui restait au régime militaire de l'empire romain, résista mieux à l'action de ces races qui venaient la renouveler par le nord : malheureusement pour lui, sans doute, car en se retrempant à leurs sources premières, les populations helléniques se seraient trouvées plus en état de résister aux invasions qui l'attaquèrent plus tard par le midi, et la race slave eût rendu au christianisme le même service que la race germanique lui avait rendu à l'Occident, en arrêtant les conquêtes de l'islamisme vainqueur. Parmi ces peuples slaves, les uns s'établirent sur le sol de l'empire et jusqu'aux portes de Constantinople ; d'autres y entrèrent pacifiquement pour traiter avec les empereurs grecs ; et en rapportèrent dans leurs déserts le germe du christianisme oriental, qui devait plus tard les ramener sous ses murs pour sa défense ; d'autres enfin, placés dans le voisinage de la race germanique, furent entraînés dans son tourbillon et se *germanisèrent* en quelque sorte comme la Suède (1), la Bohème et la Hongrie.

Le mouvement de l'invasion germanique, qui, dans l'origine, se dirigea vers le Midi, fut arrêté par le rallentissement naturel des invasions et la formation des nationalités. Alors il se porta vers l'est de l'Europe, et se continua quelque temps dans cette direction où les races, n'étant pas encore constituées en nations, opposaient moins de résistance. L'ordre teutonique, sous le prétexte de la conversion religieuse, conquit les populations des bords de la Baltique et de proche en proche s'insinua dans le vaste continent moscovite, où des essais de civilisation indigène avaient été tentés et étouffés presque en naissant. La race germanique, en s'y introduisant, y porta les institutions féodales au moment même où, dans le reste de l'Europe, ces institutions s'effaçaient et tendaient à disparaître. Au milieu des guerres civiles que se livraient à l'Ouest les débris de l'ancienne unité celte, la race slave était également déchirée à l'Est par les dissensions entre les nouvelles nations formées par elle.

---

(1) Nous n'hésitons pas à ranger la Suède parmi les peuples d'origine slave, par l'analogie qu'établissent avec les leurs les traditions scandinaves. Cette opinion est fortifiée encore par les rapports des races *tchoudes*, *lettes* et *finnoises*, déguisées sous les noms allemands de Livonie, d'Esthonie et de Finlande, qui servent de transition avec eux.

Long-temps emprisonnée et refoulée dans sa masse continentale par la triple barrière que lui opposaient la Suède, la Pologne et la Turquie, la Russie se fit jour sur leurs débris et parut, à l'Occident surpris, triomphante et le pied posé sur ses trois rivales. La consistance formidable qu'elle offrait devint tous les jours plus frappante, en présence du fractionnement de l'Occident. Aussi quand la révolution eut reporté tout le mouvement social vers la France, Napoléon sembla dirigé dans sa politique par le dessein de former un contre-poids au développement de cette puissance. Aucun homme ne s'était trouvé mieux que lui en position de changer le système de l'Europe, s'il avait pu échapper à cette préoccupation du génie qui, plus il sent sa force et sa supériorité, plus il veut que tout procède de lui et n'admet de partage qu'à la manière du lion. En accordant les justes prétentions de la Russie sur l'Orient, il faisait d'elle la complice obligée de son action sur l'Europe, et c'était en même temps le sûr moyen de venir à bout de l'Angleterre. Il préfera laisser ces questions en litige, et résolu d'obtenir par la force un assentiment qu'il n'avait pu gagner par toutes ses prévenances, il se laissa emporter contre cette puissance à un esprit d'hostilité dont l'Angleterre se servit à son tour d'une manière aussi heureuse pour elle que fatale pour nous.

La Russie, sortie des périls d'une invasion immense, et après le sacrifice de son antique capitale, semblait avoir affranchi l'Europe, et à ce titre l'ascendant sur elle devait lui revenir. En 1815, où l'Angleterre avait payé de son sang la victoire, elle reprit ses avantages, et la France put s'en apercevoir aux conditions humiliantes qui lui furent imposées. Assurée pour long-temps de la dépendance et de l'épuisement de la France, elle put voir alors combien son acharnement l'avait entraînée loin de ses intérêts. Elle se trouvait face à face avec une puissance qui tenait dans sa main la direction de l'Europe. Les événements qui se pressaient dans l'Orient semblaient le livrer à sa discrétion. Vainement, par une demie rupture avec la sainte-alliance, elle avait cherché précédemment à former une scission continentale, elle ne rencontrait partout que des complices de son usurpation : lorsque la révolution de juillet, rendant à la France l'initiative de l'action politique, vint lui donner un allié sur lequel elle ne comptait pas, et un point d'appui sur le continent.

Il n'entre pas dans notre plan d'insister sur toutes les conséquences de cet événement, le plus mémorable, sans contredit, d'un siècle fécond en incidents merveilleux, et celui qui lui aura donné peut-être le soin d'accomplir une tâche réservée en apparence à un avenir plus éloigné. Ce que nous ferons ressortir au premier abord, c'est le déplacement général qu'il a entraîné, dans toutes les relations antérieures ; la violation des règles reçues jusqu'alors ; en un mot l'ébranlement de tout le système politique qui a régi le passé. Sous son influence on vit s'opérer les rapprochements les plus inouïs : d'un côté, la fraternité de la France et de l'Angleterre succédant à leur rivalité proverbiale : de l'autre, la Russie resserrant son intimité avec la Prusse et l'Autriche : alliances monstrueuses, anti-sociales, puisqu'elles se fondent sur l'abandon ou du moins la suspension de tous les intérêts qui ont fait jusqu'ici la vitalité des états, mais qui, par cela même portent en elles le principe supérieur d'une réorganisation que nous allons essayer de rendre sensible en pénétrant dans le cœur de la situation présente.

Par ce partage, il y a actuellement en Europe deux puissances révolutionnaires qui, placées aux deux extrémités, battent en brèche son antique constitution : c'est d'une part la France, et de l'autre, malgré une apparente contradiction, la Russie. Toutes deux, par des voies différentes, tendent au même but, celui de démolir pièce à pièce l'édifice des siècles antérieurs. La France doit à sa grande révolution un héritage qu'elle a bien pu renier quelquefois, mais dont il ne lui est pas donné de s'affranchir entièrement. Grâce à l'heureuse inauguration qu'elle a faite de ses principes, la liberté moderne est devenue française, et elle a pris pour expression son caractère, sa langue, son histoire. Solidaire de tout ce qui se fait en leur nom, quelque part qu'ils éclatent, quelque forme qu'ils affectent, au fond ce sont ses intérêts qui se débattent, et les triomphes de la liberté devront

3*

aboutir nécessairement à la suprématie de la France sur l'Occident. Si, par un abandon momentané de sa cause, elle laisse passer à d'autres peuples le soin de continuer sa mission, tôt ou tard la direction lui revient comme à celle qui, par ses mœurs et son esprit, représentera toujours éminemment le principe démocratique en Europe. C'est la juste récompense des sacrifices qu'elle a faits à cette cause, et de l'universalité qu'elle a su lui imprimer : ayant travaillé pour l'humanité tout entière, à son tour l'humanité semble travailler pour elle.

La Russie ne procède pas par les mêmes voies que la France, et cependant son action est la même. Venue la dernière à la civilisation, elle a d'abord rallié au dehors tous les intérêts qui se trouvaient mis en péril par ses progrès. Comme la nature rapproche la caducité de l'enfance, ainsi ce que son ordre social avait encore d'imparfait, s'est trouvé en rapport avec les vices des vieilles monarchies. Désintéressée dans les questions qui agitent les autres états et qui ne la touchent pas encore directement, elle présente cette anomalie singulière qu'au dedans elle favorise le progrès qu'elle contrarie au dehors : politique habile qui lui donne le droit de s'immiscer dans les affaires des autres états avec toute la puissance d'un principe, et qui la fait participer en même temps des avantages de la civilisation, surtout dans ce qu'ils ont de favorable à l'extension du pouvoir. Aussi tous les gouvernements sont-ils venus s'abriter derrière elle contre les peuples ; et cette parvenue de la veille s'est trouvée la protectrice des vieilles monarchies qui naguère encore lui contestaient ses titres et son admission dans la famille européenne. Ce renversement dans la hiérarchie des états n'est-il pas à lui seul l'indice d'une situation révolutionnaire? Aussi, tandis que les sympathies des peuples sont pour le principe français, les gouvernements sont attirés en sens inverse par le principe russe : division qui pousse au renversement de l'équilibre européen, au maintien duquel l'Angleterre seule, comme nation, est intéressée.

Les nations modernes, par la marche inégale de la civilisation, s'étant développées non pas toutes à la fois mais successivement, il en est résulté que plusieurs d'entre elles, par l'avantage d'une position supérieure, ont acquis rapidement un degré de prospérité exagérée. Lorsque ensuite, par le progrès général, les autres peuples sont arrivés au même niveau, ils ont tendu à se mettre en équilibre ; et alors cette croissance précoce formée en dehors des lois de la nature est devenue pour ces états un principe de décadence et de mort : c'est ce qu'on a vu pour le Portugal et la Hollande. L'Angleterre aussi se débat contre une fatalité inhérente à sa constitution physique : faite pour être une puissance secondaire, par des circonstances heureuses et le génie entreprenant de son peuple, elle est parvenue à se créer une puissance factice extrordinaire. En étendant ses intérêts sur tout le globe, ce n'est plus seulement sur les états voisins que sa surveillance jalouse doit s'exercer. Toute sa sollicitude s'est portée jusqu'ici à entraver l'accroissement naturel de la France, et, dans ce travail assidu, elle a perdu de vue d'autres nations qui ont pris un essor non moins alarmant pour elle, menaçant surtout pour son empire sur le midi de l'Asie, qui est la source de sa puissance exceptionnelle. Aussi elle voudrait continuer ce système d'oscillation qui lui a réussi jusqu'à présent, et, après avoir ruiné la France par la Russie, ruiner la Russie par la France ; système commode et empreint de cet égoïsme insulaire qui a fait de tout temps le fond de sa politique. Mais ce système, comme beaucoup d'autres, a fait son temps. Examinons néanmoins quelles chances peuvent lui rester encore, dans l'état actuel de l'Europe, avant de démontrer combien les intérêts de la France et de la civilisation lui sont contraires.

Deux partis se présentent d'abord pour arrêter les envahissements de la Russie : celui d'une répression armée, et celui d'une répression indirecte. Le premier, pour être complet, devrait s'appuyer sur une croisade européenne qui aurait pour objet le rétablissement de la Suède, de la Pologne et de la Turquie dans leurs possessions primitives et dans leurs droits d'états indépendants. Il n'est personne qui, au seul exposé de ce projet, ne sente combien il serait chimérique, et l'impossibilité qu'il y aurait à réunir l'Europe dans une pensée unique avec les mille causes de divisions qui la travaillent. Sans parler des ressources défensives que la Russie possède et dont Napoléon nous à fait faire la funeste expérience, il est à croire que la Russie vaincue et humiliée aurait bientôt repris l'ascendant sur ses voisins, et que les causes d'affaiblissement pour eux et de vitalité pour elle n'en subsisteraient pas moins.

Reste donc le second parti, celui qui consiste à combattre pied à pied, et par les moyens diplomatiques, l'influence de la Russie partout où elle essaiera de s'établir : à former une espèce d'assurance mutuelle entre les états contre ses empiétements, et attendre du temps des événements favorables à une répression plus active. Mais déjà, dans ce sytème, l'avantage des positions n'est plus pour l'Angleterre, et nous demanderons si le développement de la Russie étant désormais un fait consacré sur lequel il est impossible de revenir, il est donné à l'Europe de vivre, telle qu'elle est, en présence d'un empire qui est désormais pour elle un dissolvant perpétuel.

En effet, si cet empire, à son état d'infériorité sociale, possède déjà le double de population et le décuple de territoire du royaume le plus riche et le plus étendu de l'Europe, le temps, loin de lui être préjudiciable, est son auxiliare le plus sûr. La France et l'Angleterre, avec tous les perfectionnements de leur industrie, ont atteint les limites possibles de leur développement dans le cercle étroit que la nature leur a tracé. La Russie au contraire en est à son début ; l'étendue de son territoire lui donne la faculté d'accroître incessamment sa population et ses ressources intérieures, accroissement qui fortifie l'amalgame des diverses parties de l'empire, en même temps qu'il redouble la puissance de son action extérieure. Déjà son industrie a pris un essor remarquable : riche en productions de toutes espèces, elle alimente les industries des autres pays avec les produits et de son sol et de ses mines. Quoique dans sa vaste étendue son sol ne présente pas une fécondité égale, il abonde principalement en céréales qui l'ont rendu la ressource des autres peuples dans les années de disette. Cet immense territoire qui

réunit toutes les diversités de climats du reste de l'Europe, est arrosé par les plus beaux fleuves du monde, qui
permettront d'établir un jour une ligne de communication du Nord de l'Europe avec le centre de l'Asie et les
frontières septentrionales de la Chine. Les partisans de
l'optimisme politique, pour échapper à cette évidence, se
rejettent sur son état de civilisation arriérée, au lieu d'y
reconnaître précisément la source de sa grandeur future,
puisqu'elle lui donne à entrevoir une progression indéfinie.
Jusqu'ici cette puissance, dont on conteste les ressources,
a toujours marché d'un pas ferme et égal, sans jamais
reculer, tandis que les états plus avancés ont perdu tour
à tour leurs conquêtes et n'ont pu rien fonder de durable.
A l'époque de la paix générale, la Russie comptait un peu
plus de 40 millions d'habitants qui aujourd'hui dépassent
52 millions. Avec cette croissance si marquée, qu'on
dise où elle en sera dans dix ans, relativement aux autres
états, pour qui déjà leur population est plutôt une source
d'embarras qu'un surcroît de force et de puissance.

De plus, ce qui fait la force de la Russie à l'est, comme
celle de la France à l'ouest, c'est qu'à travers les dissemblances de principes et de civilisation, leur cause s'appuie également des deux côtés sur une question d'affranchissement et de liberté. On s'est étonné quelquefois de
la direction prise par la politique de cet état: il semble,
à en juger d'après sa position, qu'au lieu de faire face à l'Europe, sa pente devrait être vers l'intérieur de l'Asie, où ses
agrandissements exciteraient moins de jalousie: opinion
fondée, comme on le voit, sur l'ignorance de ses relations
physiques et morales avec les peuples qui l'avoisinent.
La nation russe, par sa récente civilisation, se trouvant
plus rapprochée des traditions de communauté d'origine
et de race presque effacées de ce côté de l'Europe, a
senti à peine sa force, qu'elle a conçu, comme une mission
providentielle et un devoir supérieur, la restauration
des peuples slaves, partout tombés sous la domination
de la race occidentale et de la race asiatique. L'introduction tardive du système féodal a eu pour effet d'empêcher la fusion qui s'est établie partout entre les peuples
conquis et les conquérants, et de conserver aux idées

naturelles la prépondérance sur les idées acquises, en leur donnant pour appui les masses restées étrangères à ceux qui les dirigent. L'enthousiasme religieux est venu donner encore à ces sentiments une exaltation qu'il est facile de comprendre dans des peuples naïfs. Les souverains qui se sont servis de cette disposition comme d'une arme pour assurer leurs projets ambitieux, se voient aujourd'hui dominés par elle. Loin d'exciter ce mouvement ils y font obstacle par cet intérêt exceptionnel, qui partout constitue une association entre les rois pour leur conservation. Aussi le principe russe s'éloigne-t-il sensiblement de sa nature dans ces combinaisons d'alliance où des intérêts de royauté prévalent sur les intérêts de nation.

Ainsi, tandis que chez nous la société est poussée en avant par cette marée montante de la démocratie qui tend au nivellement des inégalités sociales au-dedans, et à l'abolition au-dehors de toutes les lignes de démarcations qui séparent les peuples régis par le même principe; dans le Nord un travail parallèle a lieu, non pour la revendication de droits étrangers encore aux besoins et à l'intelligence des masses, mais pour une fusion générale entre des races sorties d'une même souche et appelées l'une vers l'autre par un sentiment de fraternité naturel à l'enthousiasme des peuples dans leur jeunesse et au degré de leurs lumières. La preuve de l'origine populaire des plans de la Russie, c'est que, pour leur complète réalisation, il faudrait peut-être une révolution intérieure. Là, comme ailleurs, la monarchie, par l'esprit de son institution, est une espèce de compromis entre des intérêts conservateurs parce qu'ils sont établis, et des opinions destructives, parce qu'elles tendent à se faire jour à travers les obstacles. Dans l'impossibilité de les annuler entièrement, elle cherche à les maîtriser en leur donnant une direction plus régulière et moins violente. Ainsi, malgré la puissance extérieure qu'ils puisent dans cette force qui les pousse du dedans, les liens de parenté entre les souverains, les opinions des autres cabinets, les exigences de la politique étrangère trouveront accès auprès des gouvernants, et par eux lui imposeront des limites. Mais les masses populaires n'ont point l'intelligence de ces ménagements, et elles trouvent dans la conscience de leurs forces des raisons de les dédaigner. C'est là surtout l'immense péril de l'Europe : que par un accident dont la Russie n'est pas plus exempte que d'autres états, elles se sentent libres une seule fois de suivre leur pente, et on verra se réaliser tout ce que l'imagination se représente quelquefois avec le vertige de la terreur, en contemplant cette agglomération formidable de l'est, en présence de la dissolution matérielle de l'ouest.

Il faut le dire, parce qu'on ne le sait pas assez généralement, l'Europe, telle que nous la concevons d'après nous, finit à l'Oder et aux Alpes Juliennes. Il y a là une ligne tranchée et profonde qui sépare deux races entièrement distinctes. L'Europe a bien pu lui donner l'apparence de ressemblance avec elle : mais autant la race slave a de souplesse et de facilité à prendre toutes les impressions, autant elle les garde peu, fidèle seulement à celle qu'elle tient de sa nature. C'est une autre Europe, une Europe asiatique qui sert de transition au continent de l'Asie : traits, mœurs, caractère, physionomie s'y trouvent à travers le mélange exotique de nos coutumes et sous le masque de nos formes extérieures : l'isolement des femmes et l'autorité des pères dans la famille, le despotisme absolu dans le gouvernement. Et ceci n'est pas seulement particulier à la Russie; après six cents ans de possession, l'Autriche n'a pu parvenir à faire perdre ce caractère à la Bohême, à la Hongrie, à l'Illyrie; et elles sont aussi faciles à détacher de son empire que la Lombardie et ses acquisitions les plus modernes. Ni ces états, ni la Grèce, ni la Pologne elle-même ne se refuseraient à établir une association d'intérêts qui sauraient se combiner avec le respect de leur nationalité. Car leurs résistances viennent bien moins des répugnances locales qui se perdent toujours dans l'entraînement général, que de la haine d'une domination absolue et d'une réduction violente qui les passe toutes sous le même niveau sans égard pour leurs différences essentielles.

Toute prétention fondée en nature l'est également en

droit : quelque chose qu'on fasse on ne pourra empêcher la Russie de toucher à la fois au nord et au midi, de tenir à l'Europe et à l'Asie, d'être, par une circonstance de son sol qu'il ne lui est pas donné de changer, une puissance méditerranéenne, soumise à une loi inévitable, celle de chercher l'accès des mers dont son territoire est exclus et de prendre position sur le détroit du Sund et du Bosphore, ces deux clés de son empire. De là aussi l'impuissance de la politique qui, au rebours de ses prétentions, n'a pu opposer jusqu'ici qu'un fractionnement perpétuel au développement incessant de la Russie, et qui, par un mélange de défiance et de concession, n'a rien imaginé de mieux que d'affaiblir les digues du torrent quelle voulait contenir ; comme l'empire Ottoman qu'elle a partagé en trois états rivaux et hostiles par les nouveaux intérêts qu'on leur a créés : véritable politique lilliputienne qui tend à embarrasser les pas d'un géant dans une multitude de fils imperceptibles, tout prêts à éclater au premier mouvement qu'il fera en avant.

De l'impossibilité d'arrêter la marche ascendante de la Russie, résulte pour l'Europe la nécessité d'un changement radical dans la politique générale. On a pu voir par ce qui précède où sont les bases de cette reconstruction ; elles sont dans la division normale de l'Europe que nous avons établie, division fondée en fait sur l'origine des deux grandes races européennes, qui s'appuie également sur l'antagonisme religieux et sur la tendance naturelle des intérêts ; division qui tôt ou tard nous parait inévitable. S'il était possible à la France d'oublier qu'elle était, il y a un peu plus de vingt ans, en possession directe de l'empire que nous la croyons appelée à exercer, sous une autre forme, la marche des faits contemporains qui coïncident avec elles viendrait encore fortifier nos inductions. L'explosion de la révolution de juillet, en mettant à nu les dissentiments qui couvaient depuis quinze ans dans l'Europe monarchique, a eu pour effet immédiat de la scinder en deux camps rivaux. Eh bien ! n'est-ce pas là un pas immense fait vers le but que nous signalons ? toutes les questions européennes autrefois si complexes se sont trouvées réduites à deux, et par cette

simplification il y a bien encore un nombre de puissances
déterminé qui cherchent à mettre équilibre entre elles ;
mais il n'y a plus que deux intérêts réels qui se balancent
l'un par l'autre.

Cette dualité, ou plutôt cette double unité vers laquelle
gravite l'Europe, ne recevra, nous le croyons, sa complète réalisation qu'après une suite d'événements qu'il
est facile de prévoir, sans qu'on puisse en fixer l'époque
précise. Nous avons prouvé que la disproportion de la
Russie avec les autres états et la permanence de l'intérêt
russe, suffiront à elles seules pour rendre de plus en
plus irrésistible cette solution, que nous appelons de nos
vœux parce qu'elle nous semble conforme à l'esprit de
la civilisation. De même que les principes universels de la
morale sont un intérêt bien entendu, dès l'instant où les
peuples y reconnaîtront leur avantage, ils se rendront à
cette évidence ; et pour cela il ne faut que se figurer un moment quelle serait la situation de l'Europe dans l'accomplissement de cette hypothèse, et plus particulièrement celle
de la France. Devenue le centre d'un système nouveau,
allemande et anglaise au nord, espagnole et italienne
au midi, en contact direct avec ces états désormais les
provinces du même empire, les membres du même corps,
placée au milieu comme le cœur, qu'on se représente les
effets puissants de cette unité qui ferait refluer leurs diverses forces sociales dans un foyer commun où elles
viendraient se fondre pour être reportées du centre aux
extrémités.

On peut en juger par ce que la France a fait sur elle
même. Formée des débris des nationalités féodales, seule
elle est arrivée à cette homogénéité parfaite qui fait vivre
un peuple comme un seul homme. Que serait-elle aujourd'hui si ces nationalités provinciales s'étaient développées en dehors du centre commun avec les mille
barrières élevées par les intérêts de chaque localité, au
lieu du solide faisceau qui a réuni dans une même action
toutes les variétés de sa nature. C'est à lui qu'elle a dû
cette sociabilité si souple qui en a fait de tout temps la
nation civilisatrice par excellence, et qui lui trouve partout, même pour les organisations les plus rebelles et les

plus antipathiques, un côté intelligible et appréciable :
qui a reproduit dans sa littérature les traits spéciaux de
chaque province sous une physionomie générale; dans
Corneille, l'énergie rude et hardie de la race normande;
dans Montaigne et Montesquieu, la vivacité de l'esprit
gascon; dans Voltaire, l'atticisme de l'esprit parisien, etc.,
concert d'intelligences, semblable à l'harmonie des couleurs que séparent les facettes du prisme, et qui, conden-
sées dans un rayon unique, forment la lumière qui éclaire
le monde.

Eh bien! que ce type consacré par l'expérience, et
désormais sensible pour tous, devenu applicable aux
quatre états qui embrassent la France, vienne encore
se coordonner avec elle dans un agencement général;
les mêmes effets vont se reproduire sur une plus grande
échelle. Jusqu'ici on n'a vu dans l'histoire que le développement successif et individuel du génie de chaque
peuple, et par suite l'ascendant politique passer de l'un
à l'autre avec l'influence morale. Il n'y a pas d'exemple
de deux civilisations qui aient été contemporaines : leur
apparition est toujours signalée par le déclin de celles
qu'elles sont venues remplacer. Si on remarque un progrès correspondant dans des états rivaux et voisins, on
n'y trouve, en l'examinant de près, que l'imitation et la
reproduction de la pensée dominatrice. En effet, c'est
une loi de la nature que l'esprit humain ne puisse obéir
à plusieurs influences à la fois ; et pour être puissante, il
faut que l'impulsion soit une. Or, dans cette rénovation
politique, nous saluons surtout l'avénement du nouvel
esprit européen. L'anarchie physique engendre l'anarchie morale, et de là viennent les fluctuations et les dé-
faillances dont la pensée est assaillie de nos jours, forcée
qu'elle est d'hésiter entre des influences égales qui se
contrarient faute de pouvoir s'aider. Qu'elles se trouvent
une seule fois à leur point d'affinité, et on verra du même
coup des états isolés, hostiles, antipathiques par préjugés
et par ignorance, tout-à-coup mis en contact, se com-
muniquant les uns aux autres leurs forces vitales : l'Allemagne, touchant à l'Espagne par la France, l'Angleterre,
au lieu d'être reléguée à une extrémité de l'Europe, par-

ticipant à la vie continentale : l'industrie accélérant ce
mouvement par ses créations qui tendent partout à la
rapidité des communications : de là l'abandon des industries factices et le retour aux industries naturelles;
l'abolition des prohibitions commerciales qui semblent
renouveler pour l'Europe les entraves de la féodalité :
enfin, et comme corollaire au mouvement physique, les
idées venant se fondre et se généraliser dans ce grand
réservoir, pour en sortir empreintes d'une nouvelle forme
où se reflète avec la mesure de l'esprit français, le bon
sens pratique de l'Anglais, l'idéalisme de l'Allemand, et
le sensualisme des peuples du Midi : alliance qui en faisant rayonner vers un même point l'intelligence des cinq
grandes nations modernes qui ont réfléchi tour à tour
une des faces de l'esprit humain, prépare peut-être pour
l'avenir les matériaux d'une langue universelle.

Et pour cela faut-il l'asservissement violent, successif
de ces états? Ce fut le vice de toutes les tentatives d'u-
nité opérées jusqu'à ce jour par la force, et Napoléon
n'y a pas plus manqué que les autres conquérants. Mais
ces procédés ne sont plus de notre âge, et le triomphe
définitif est acquis sans doute au système qui saura concilier à la fois l'intérêt général et l'intérêt particulier,
assurer l'unité sans détruire la nationalité. Ce sera donc
une fédération pacifique qui devra rattacher par un lien
commun cinq états, peuplés de la même race et ayant
des intérêts identiques : fédération accomplie du consentement de ces états, et qui ne coûte à aucun d'eux le sacrifice de sa dignité, ni de sa liberté individuelle : qui
porte d'un seul coup les limites de la France et de l'Angleterre sur l'Adriatique et l'Oder, et celles de l'Allemagne et de l'Italie sur l'Océan atlantique : fédération qui
fasse vivre à part chaque état dans la sphère de ses besoins, de ses appétits moraux et physiques, et en général
avec une vie puissante, variée, immense : accord univer-
sel qui enrichisse chacun en particulier de la fortune de
tous, et où les parties contractantes apportent pour
dot de leur mariage le magnifique patrimoine de leur
génie.

L'évidence des avantages qui en résulteraient pour les

autres états n'est pas moins frappante que pour la France. Il ne faut qu'un peu de réflexion pour apercevoir tout ce qu'y gagneraient l'Espagne et l'Italie, privées jusqu'à ce jour de la vie politique, et qui sortiraient enfin de leur torpeur séculaire. Par le système actuel, tout le centre de l'Europe est condamné à une faiblesse et un ilotisme politique et commercial qui devra se perpétuer à jamais, puisqu'il est le fait de la nature elle-même. Le voisinage des grandes mers constitue au profit des nations un privilége exorbitant qui condamne celles qui en sont éloignées à ne rien recevoir que par leur canal, ou du moins de dépendre d'elles pour la jouissance de ces avantages. C'est l'état de l'Allemagne destinée a être le champ de bataille où la question se décidera en dernier ressort. Sans contact avec la mer, ou du moins ne touchant qu'à des mers closes de toutes parts, elle n'a rien à espérer d'un grand centre allemand qui serait condamné à une vie inerte et passive, et il est douteux qu'elle atteigne jamais par elle-même à cette indépendance nationale dont elle se berce. La race allemande, qui s'est mêlée à toutes les autres comme un puissant levain pour hâter leur fermentation, semble avoir épuisé sa vigueur dans cet effort. Sans limites précises, sans caractère déterminé, elle est partout et nulle part, ici prussienne, ailleurs autrichienne ou bavaroise, jamais allemande; son génie est comme son sol, qui tantôt s'avance au sein de la France et tantôt va se perdre aux frontières de la Russie, vague insaisissable qui semble avoir rejailli sur l'esprit national. Dégagée de son alliage avec les races slaves, de centre devenue frontière, elle perdrait sa forme tudesque et gothique pour prendre une vie nouvelle, l'activité politique dans les aggrégations d'état se portant toujours du centre aux extrémités. Cette destinée de la confédération du Rhin est si bien dans sa nature, que lors de son adjonction à l'empire français, plusieurs de ses princes donnèrent à son chef l'exemple d'une fidélité remarquable, tant le sentiment des véritables intérêts de leur pays les attachait à sa cause. Le protectorat de la confédération du Rhin, en complétant au nord son empire déjà étendu sur le midi, fut une de ces conceptions hardies par lesquelles un génie supérieur devance la marche des siècles. En montrant le rapport qui existait entre elle et la France, il a rendu sensible la possibilité d'asseoir un jour l'unité française dans les limites de l'unité celte. Mais cette pensée était prématurée pour son temps, puisqu'elle ne doit s'effectuer que par la libre accession de l'Angleterre.

Nous avons essayé de démontrer ailleurs l'inanité des efforts de l'Angleterre contre la Russie, tant qu'elle restera en dehors de toute combinaison continentale. Nous chercherons maintenant ce qu'elle gagnerait en véritable puissance à cet abandon apparent de sa suprématie actuelle. Il faut rendre justice à l'Angleterre : elle a fait beaucoup pour se rapprocher des autres peuples. En effet, elle a senti les inconvénients de sa position insulaire, elle étouffe dans son isolement ; cette vie factice, produite par l'exagération de son industrie, lui deviendra mortelle ; et, pour échapper aux suites de cet état pléthorique, elle a besoin d'une expansion qui accroisse son sol de celui de ses voisins. La première, elle a proclamé la liberté du commerce, ouvert ses ports aux vaisseaux qu'elle en excluait autrefois ; la première, elle a proposé une réciprocité impossible, et qui restera toujours une déception inacceptable pour les états que l'inégalité de force rendrait victimes de cette convention. Néanmoins elle a découvert les véritables principes de la politique future, et elle a eu le mérite de les mettre la première en pratique. Mais ce n'est pas assez ; il faut qu'avec les derniers vestiges de la constitution aristocratique, elle dépouille toute tendance exclusive. Grâce au nouvel esprit qui l'anime, elle abaisse peu à peu cette forteresse d'orgueil et d'égoïsme qu'elle s'était bâtie au sein de l'océan. A mesure qu'elle la démolit, elle se rapproche de nous, et va bientôt se trouver à notre niveau: alors cesseront forcément toutes les vieilles antipathies, héritage des anciennes sociétés. Eh bien ! que la jeune Angleterre adopte l'association politique comme préliminaire de l'association industrielle ; qu'elle appelle les membres de la nouvelle *Union* à l'exploitation de l'univers ; que ses capitaux, répandus au dehors, viennent

établir cet équilibre nécessaire entre des états inégale-
ment partagés ; que sa marine, en devenant la nôtre,
nous fasse participer à sa puissance coloniale. Au lieu
d'appeler la France à défendre ses intérêts privés à
Constantinople, prête à se tourner contre elle sur le
Rhin, politique de volte-face destinée à éterniser la défiance, il dépend d'elle de lui faire prendre parti dans la
question orientale avec un intérêt direct. L'Inde, ouverte
à la France, et devenue le patrimoine de l'*Union*, rece-
vrait des éléments de plus pour hâter la civilisation qui
la rattache à l'Europe. Depuis l'émancipation de l'Amérique, l'activité de l'Europe et le courant de ses populations doivent se diriger vers l'Orient. L'Angleterre,
faisant corps avec nous, et postée avec l'Italie au cœur
de la Méditerranée, associée à nos colonies d'Afrique,
nous pousse librement vers l'Orient ; et nous dirige sur
cette grande voie où elle nous convoque à la civilisation
de l'Afrique, de l'Asie méridionale et de l'Australasie où
nos populations iront se mêler à la sienne dans tous ses
établissements.

Le défaut de tous les systèmes politiques fondés par
la force a été jusqu'ici de ne pas tenir compte des intérêts contraires. L'organisation rationnelle, dont nous
nous rendons l'interprète, devra faire la part de toutes
les influences naturelles, les seules qui par cela même
soient légitimes. Ainsi, l'unité celte comprend nécessairement l'unité slave ; et la prédominance de la France,
telle que nous l'avons indiquée, l'extension de la Russie
dans un cercle qui embrasse au nord la Suède, au midi
la Turquie d'Europe, et se complète au centre par l'adjonction des populations slaves. Dira-t-on que c'est vouloir soumettre l'intelligence à la force brutale, et des
peuples plus avancés à une domination moins éclairée?
Mais c'est une erreur qui tient aux préjugés de l'Europe
sur la Russie. Ce qui serait vrai, si elle avait à établir
sa prépondérance sur les nations occidentales, ne l'est
plus quand on considère celles sur lesquelles elle s'exerce.
Elles sont évidemment à un degré inférieur à la Russie,
sous le rapport de la civilisation, puisqu'elles sont toutes
réduites à l'état le moins favorable au progrès, celui de

sujétion à une race étrangère dont la domination suppose l'asservissement de la race primitive. C'est l'état de la Hongrie sous la dépendance de l'Autriche, de l'ancien domaine teutonique sous celle de la Prusse, de la Grèce sous celle des Turcs, et, pour ces peuples, la domination de la Russie serait déjà un premier degré d'affranchissement. D'ailleurs, la rénovation sociale que nous indiquons, n'ayant pas pour principe l'absorption des peuples par la conquête, mais, au contraire, leur rétablissement et leur union, il est à présumer que les mêmes règles d'organisation qui prévaudraient à l'Occident, présideraient également à la fédération orientale. Ainsi, non-seulement elle rendrait à l'indépendance les états qui en sont privés aujourd'hui, mais elle y ferait entrer, sur le pied de l'égalité, la Suède remise en possession de la Finlande, et la Pologne rétablie dans la jouissance et les limites de son antique nationalité.

La formation de la pentarchie occidentale ayant pour objet d'intéresser directement la France et les autres états aux questions orientales, le globe se trouverait par là fait coupé en deux zones qui courraient parallèlement des bords de la mer Atlantique à travers l'Asie, et mettraient sous le vasselage de l'Union l'empire arabe accru de l'Asie-Mineure, la Perse et l'Inde. Par ce partage, Constantinople, déchue du rang de capitale, devient un point secondaire, comme Berlin, comme Vienne, comme toutes les villes de création factice qui n'entraient point dans le plan de la nature. Annulez l'importance de la possession, et vous en ôtez le danger. Elle n'est menaçante pour l'Europe que dans sa division actuelle. Qu'elle se forme en faisceau à l'Occident, et la Russie, même avec les accroissements qu'elle en retirera, aura effectivement diminué de puissance relative. Il suffit, pour s'en persuader, de comparer le chiffre des populations, sans préjudice de la supériorité qui résulte pour l'Occident de sa position et de sa civilisation. On le voit; c'est une espèce de volte-face qu'opéreraient les nations, et qui les replacerait dans leurs relations naturelles : vaste système qui comprend dans son organisation, non-seulement l'Europe, mais qui indirectement y rattache l'Afrique, dévolue tout entière par sa position à la suprématie occidentale; tandis que l'Asie deviendrait un champ de bataille pacifique où les deux races se déploieraient à l'aise, prenant ce grand continent, l'une par le nord, l'autre par le midi, sans craindre que jamais leur antagonisme ne dégénérât, et ne finît par la domination exclusive de l'une sur l'autre.

Dirons-nous que cette combinaison doit produire la cessation de l'état de guerre? Elle n'était possible que dans un ordre social composé de grandes et moyennes puissances, où le faible prêtait à l'oppression du plus fort. Chacune des deux grandes races étant rentrée dans son lit naturel, elles adhèrent l'une à l'autre avec une égalité de poids qui les tient en équilibre, et la force défensive qu'elles présentent par leur masse rend inadmissible toute idée d'agression, et inutile le maintien des armées permanentes. Alors, en même temps, sera atteint le terme de toutes les révolutions, puisque la société sera assise sur sa base naturelle, et tirée du chaos où la jettent les inconséquences de toutes les constitutions. En effet, partout les gouvernements sont institués en contradiction avec leur principe, ou en dehors de leurs peuples. Cette division devra également renfermer dans leurs limites naturelles deux principes encore mêlés dans notre société, et qui aspirent contradictoirement à la dominer. A l'Ouest, grandir la société démocratique, car déjà l'aristocratie n'a plus d'éléments de ce côté de l'Europe, et on est obligé, pour en conserver l'apparence, de la confondre par un abus de mots avec la hiérarchie des pouvoirs sociaux. A l'Est, au contraire, le principe aristocratique pur existe dans toutes ses conditions; le sol y est partagé d'après les lois féodales, et l'homme est resté serf de la glèbe. Quant à la monarchie qui représente la nationalité, comme elle, nous le croyons, elle trouvera sa place dans ce système.

Nous ne pousserons pas plus loin ces considérations dont il n'appartient qu'au temps de faire des vérités. Déjà on a pu voir, par l'idée que nous avons essayé d'en donner, que cette situation est partout ébauchée; partout on a l'instinct de cette ère nouvelle; mais son avénement est encore un problème. Néanmoins, la logique est le caractère de l'esprit humain, et quand une nécessité se fait reconnaître à tous, elle ne tarde pas à s'introduire naturellement dans les faits. Déjà les bases de cette union ont été posées par un traité célèbre; mais des circonstances récentes ont prouvé combien le lien diplomatique est insuffisant. La politique de la France est désormais dans une expectative prudente, qui n'exclut pas une surveillance active des événements, et qui, sans s'étudier à les contrarier, les empêche de s'égarer dans leurs cours, jusqu'à ce que leur enchaînement force l'Angleterre à chercher son salut dans ses bras, et à contracter cette alliance plus intime qui doit changer la face du monde. De là il n'y a qu'un pas à l'émancipation de l'Allemagne, et par contrecoup de l'Italie; révolution dont la Russie profitera également, et qui renverra chaque race à son influence naturelle.

Nous le disons sans crainte de nous voir démenti par les faits, le temps n'est pas loin où l'on verra se réunir à Paris en congrès les représentants de l'Espagne, de l'Angleterre, de l'Allemagne et de l'Italie, comme on voit siéger à Washington ceux de la Virginie, du Maryland et de la Pensylvanie. Le fédéralisme destructif des nationalités, en devient la sauvegarde lorsqu'il s'applique à l'union extérieure des états; et c'est la forme définitive où l'Europe viendra se reposer de ses agitations, en faisant succéder à la division qui était le principe de l'ancienne politique, l'association qui est l'ame de la nouvelle. Le propre de ce système de conciliation étant de laisser à l'action intérieure de chaque état toute sa liberté, détruit par cela même les seules oppositions qu'il pourrait rencontrer. En effet, quoique partout les sociétés dépouillent comme un vêtement usé et incommode leurs institutions surannées et qu'elles préparent déjà l'unité politique par l'uniformité des mœurs, il existe et il restera long-temps encore entre elles des aspérités de caractère et des rivalités d'intérêts, résultat de leur organisa-

tion antérieure. C'est au temps et à l'action lente
et insensible d'une union déjà formée qu'il faudra
s'en rapporter pour mettre en parfaite harmonie la
discordance des mœurs, du caractère et du langage.
Quant à l'union extérieure, elle ne saurait être un
empêchement, et lorsque les événements l'auront rendue
nécessaire, elle n'aura besoin pour s'établir que d'une
simple déclaration émanée librement de ces états et con-
sentie par leurs législatures ; laquelle institue un congrès
permanent formé en nombre égal des représentants des
cinq nations, et chargé de la souveraine direction de
leurs intérêts généraux. Cet acte devra entraîner la séparation de la portion de la force publique qui se lie à l'action extérieure, et par conséquent mettre dans les
attributions du congrès la guerre, la marine et les relations étrangères, laissant l'administration civile régie
d'après les maximes en usage dans chaque état, et, en
un mot, respectant tout ce qui constitue la personnalité des peuples.

Il y a pour les nations deux sortes de puissances ;
l'une réelle, actuelle, ostensible, c'est celle du présent :
l'autre éventuelle, fictive peut-être, mais réalisable,
c'est celle de l'avenir. Les peuples qui n'ont pas devant
eux cette perspective de progrès, manquent d'un ressort
essentiel. A force de répéter une chose, on se la per-
suade, et cette conviction est déjà la moitié de l'exécution.
Qu'un peuple se dise à lui-même que tel empire lui est
donné par la nature, dévolu par son droit de supériorité,
et soyez sûr que tôt ou tard il l'obtiendra : car le succès
est à celui qui veut fortement et long-temps. C'est ce qui
a fait la destinée extraordinaire de la Russie : elle s'est
dit qu'elle irait sur la Vistule, et elle y est allée, comme
elle ira à Constantinople ; comme elle ira même à Cal-
cutta, si l'Europe n'entre dans la voie que nous lui avons
signalée. Il faut que la France ose avouer tout haut des
prétentions égales, sous peine aux nations qui manquent
de ce courage et de cette noble ambition, de tomber dans le
discrédit et l'avilissement ; car leur considération est une
portion de leur puissance. Nous ne fonderions pas de grandes espérances sur l'esprit de concentration égoïste qui

semble prévaloir chez elle aujourd'hui, s'il était désormais en son pouvoir de s'y maintenir. Rien n'est inutile dans le plan de la nature, et elle fait servir à ses besoins les influences les plus contraires : la civilisation en prenant racine sur un sol tout neuf, y développa une nationalité gigantesque qui réagit aujourd'hui sur elle par une loi de réciprocité dont Dieu même est l'auteur. Ce qui reste de barbarie au fond d'un peuple qui a déjà su accomplir de si grandes choses, est une garantie de la constance et de l'énergique conviction qu'il mettra à les poursuivre, qualités malheureusement moins communes au scepticisme des peuples plus éclairés. Son impulsion sera heureuse pour l'Europe, qui sans elle s'engourdirait dans un état bâtard, espèce de compromis entre le passé et l'avenir. C'est lui qui la fera sortir malgré elle de cet étroit nationalisme où elle consume ses forces ; et c'est ainsi qu'il aura bien mérité de la civilisation en lui rendant sous une autre forme tout ce qu'il en a reçu en bienfaits.

Nous savons qu'une des espérances des politiques de l'Ouest, c'est de voir un jour se dissiper cet empire, comme ces montagnes mobiles que le vent élève et détruit tour à tour dans les parties sablonneuses de l'Asie ; prédiction aussi puérile que celle qui le représente au dix-neuvième siècle, comme tenant en réserve un nouveau cataclysme de barbares qu'il est prêt à lâcher sur l'Europe. Rien de tout cela n'est vrai. Nous avons dit où était la force de la Russie et dans quelles limites elle était toute-puissante : au-delà elle trouverait une masse d'oppositions soit dans les mœurs, soit dans les intérêts, contre laquelle elle viendrait se briser infailliblement. Mais l'Europe, inattaquable sur son terrain, devient également sans action quand elle veut l'exercer dans son domaine. La seule puissance aggressive contre la Russie, c'est l'Autriche, dont le territoire contigu avec le sien peut seul offrir à l'alliance de l'Occident le moyen d'arriver jusqu'à elle, dans une guerre continentale. Mais c'est une participation qu'on n'obtiendra jamais de sa volonté. Est-ce donc sans raison que, seule entre tous les états, elle ne s'est jamais engagée directement dans une guerre avec sa voisine? Qu'on se représente un moment l'effet inévitable d'une invasion russe à Vienne? Une armée française, le lendemain de son entrée dans cette capitale, n'a plus qu'à déterminer le temps de son évacuation. Aucun intérêt prochain, aucune relation de consanguinité nationale ne la retiennent sur ce sol. Les seuls points vulnérables par où elle puisse l'atteindre, les seules pièces qu'elle puisse détacher de son armure, c'est de lui ravir tout au plus le Tyrol et la Lombardie. Une armée russe au contraire, peut organiser derrière elle trois états indépendants et prononcer d'un même coup la dissolution de la monarchie autrichienne. Nous sommes convaincus que c'est ainsi qu'elle aura lieu, car la Russie ne peut entrer à Constantinople qu'après être allée à Vienne. C'est aussi le sentiment de l'Autriche, et le jour où elle entrera dans une ligue active avec la France et l'Angleterre, c'est qu'il ne lui restera plus que le choix entre le genre de mort. Heureuse nécessité qui fera périr tôt ou tard par elle, deux états qui sont la pierre d'achoppement de la civilisation, quoiqu'ils se recommandent par un certain mérite mécanique de forme administrative ! Mais comme ils sont tous deux fondés sur des bases vicieuses, cet ordre matériel, malgré son perfectionnement, devra tomber devant le réveil de la force morale dans les sociétés. En effet, il n'y a d'affranchissement à espérer, d'une part pour l'Allemagne, et de l'autre pour les peuples slaves, qu'en faisant rentrer dans la confédération germanique ces deux états qui en sont sortis, réduits aux proportions, l'un de l'électorat de Brandebourg, l'autre de l'archiduché d'Autriche.

En attendant, la paix et la guerre sont devenues également impossibles dans la position fausse où l'Europe est placée. Cet état se prolongera nécessairement jusqu'à ce que les principes ayant fait leur route et consolidé leur pouvoir à l'Occident, une réaction générale s'en suivra ; et alors la guerre, au lieu d'avoir le caractère d'extermination et de bouleversement qu'on redoute de lui voir prendre, pourra se borner à une transaction d'une nature toute pacifique. Aujourd'hui commencée par les gouvernements, elle s'achèverait par les peuples : mais ceux-ci n'ayant pas encore une conscience assez nette de leurs véritables intérêts, pourraient lui donner une direction peu profitable. Ce n'est pas que nous contestions la possibilité de quelque choc inattendu, de quelque conflagration partielle à propos de questions secondaires ; mais ils n'auront que des résultats insignifiants, restreints aux mesquines proportions de gouvernement à gouvernement.

On rattache à l'opinion contraire le triomphe d'une cause bien digne des sympathies françaises, c'est celui du rétablissement de la Pologne. Après avoir démontré l'intérêt de la France dans les combinaisons futures que prépare l'extension de la Russie, on ne s'étonnera pas de nous voir prendre parti contre le sentiment populaire. La destruction de la Pologne a été le premier anneau dont la rupture a dû amener la fusion du Nord : c'était la clef de voûte de l'ancien édifice européen, qui, une fois écroulée, en nécessite la reconstruction sur des bases nouvelles. La France, après l'insurrection de Varsovie, a pu, dans un sentiment généreux, intercéder auprès des cabinets intéressés bien autrement qu'elle à une restauration quelconque de la Pologne. Mais délaissée par l'Angleterre, repoussée par les puissances qui avaient trempé dans son partage, la France n'a pas dû prendre sur elle de soutenir seule une cause qui, après tout, n'est plus la sienne. Il faut que la Pologne reste ce qu'elle est pour la condamnation morale de l'ancienne politique, et la destruction qu'elle devra entraîner successivement de la Prusse et de l'Autriche, les deux complices de son immolation. Et qu'on ne s'y trompe pas, ce que nous disons est dans l'intérêt même de la gloire polonaise. Quel résultat l'Europe attend-elle de cette effusion d'une tardive sensibilité ? Le rétablissement, en faveur de la Pologne, des stipulations du congrès de Vienne. Nous répudions pour la noble nation polonaise cette déception d'une nationalité qui la laisserait faible, obscure et misérable, broyée qu'elle serait entre trois grands états, sans contact avec la mer où tendent toutes les puissances qui aspirent à un avenir.

Il y aurait trop de simplicité à attendre de la Russie

qu'elle se prêtât volontairement à l'érection d'une Pologne constituée en état flagrant d'hostilité avec elle. Désormais il n'y a plus pour la Pologne de prétention possib'e à une existence indépendante que dans le plan d'une confédération des nations slaves, sous la direction suprême de la Russie. Les droits de la Russie à cette direction sont dans l'ascendant décisif qu'elle a pris sur tous les peuples de la même race, parmi lesquels elle exerce le double apostolat de libératrice et d'initiatrice. Le signe virtuel de la supériorité d'un peuple est évidemment la création d'un gouvernement fort et régulier, marchant avec suite et persévérance dans les voies que la nature lui a tracées; avantage qui a toujours manqué à la Pologne. Mais la lutte épuisée sous cette forme, il lui reste à travailler à son affranchissement, en s'associant aux vues et à l'impulsion de sa rivale. C'est par leur secours qu'elle sortira enfin de ses ruines, accrue des débris de la Prusse, et fortifiée de l'adjonction de la Bohême, tandis que la Hongrie, unie aux populations de la péninsule hellénique, complétera la pentarchie de l'Orient. Pour que la Russie en vienne à appuyer cette combinaison, la seule qui puisse donner à ses projets un sens de civilisation et de progrès, il faudra qu'elle répudie cette politique de violence et d'arbitraire dont le langage a excité tant de rumeur en Europe. Mais en cela comme en toute autre chose, la destinée des nations slaves est de recevoir d'abord l'exemple de l'Occident. Du moment où la fraternité des peuples, l'union de leurs intérêts et le respect de leurs droits y seront en vigueur, elles se modèleront sur ces principes.

Nous n'avons pas entrepris l'apologie des actes du gouvernement russe, qui plus d'une fois devront exciter les justes réclamations de l'Europe, et se ressentir de la violence de l'œuvre de destruction dont il est l'instrument, peut-être à son insu : car il est probable qu'il ne croit pas encore poser dans toute leur étendue les prémisses dont nous avons déduit les conséquences. Les peuples, comme les individus, voient souvent leurs tentatives aboutir à un résultat différent de celui qu'ils cherchaient. C'est ainsi que lorsqu'elle s'est mise en hostilité avec la révolution de Juillet, la Russie ne pensait pas sans doute travailler à l'union de jour en jour plus indissoluble de la France et de l'Angleterre : sorte de services involontaires et dont on peut ne pas savoir gré à ceux qui les rendent, mais dont il convient de tenir compte dans une appréciation raisonnée de tout ce qui doit influer sur l'avenir. Pour notre part, nous croyons médiocrement à la sincérité du rôle qui la fait se poser en antagoniste de la liberté et en missionnaire du despotisme. On sait qu'en politique les principes servent de masque à des intérêts d'un ordre tout matériel. La France ne lui ayant pas laissé le choix, la Russie a dû se faire le champion de l'absolutisme, par la même cause qui lui ferait prendre parti pour les peuples, si la France se convertissait au principe contraire : c'est ce qu'elle a prouvé dans sa lutte avec Napoléon. Quoi qu'il en soit, à côté d'un gouvernement plus ou moins habile, il y a un peuple agent et promoteur d'une vaste rénovation sociale, et qui pour l'accomplir joint à l'avantage d'une position inexpugnable, des ressources morales qu'il serait inutile de lui contester : car s'il existe des moyens de se défendre contre l'ambition des gouvernements, il n'en est point contre les peuples, qui, après les plus furieuses tempêtes, se retrouvent debout avec la pensée qu'ils représentent et qu'ils sont venus établir sur la terre. Toute intervention de leur part est nécessairement révolutionnaire ; et c'est cette face de la question que nous avons voulu signaler à l'opinion nationale, persuadé qu'il y a au fond, entre sa cause et la nôtre, beaucoup plus de rapport qu'on ne le pense généralement.

Toute politique se juge par sa fin. Or, nous le demandons, comment qualifier celle qui ferait servir parmi nous l'esprit de progrès et l'ardeur des jeunes générations, au maintien de tout ce que les vieux âges ont transmis au nôtre de caduc et d'antipathique, depuis l'immobile tyrannie des Turcs jusqu'au despotisme paternel de l'Autriche et au monopole mercantile de l'Angleterre, système qui peut encore s'apprécier par les sacrifices qu'il impose à ceux qui le soutiennent, comme l'asservissement de la Pologne et de l'Italie, le morcelle-

ment de l'Allemagne, et l'obligation pour la France de
rester dans son infériorité actuelle. Nous avons de la civilisation une trop haute idée pour croire qu'elle est destinée à s'arrêter perpétuellement dans les combinaisons
étroites et fausses où nous la voyons se débattre. On aura
beau se raidir contre la vérité, chaque jour démontrera
davantage la nécessité pour l'Europe occidentale de se
grouper autour de la France dans une unité puissante,
pressée, comme elle est, entre ces deux grandes réalités,
la Russie d'une part, et de l'autre la démocratie américaine, qui se pose devant elle par-delà l'Océan. L'Amérique est déjà fille de la France : qu'en vertu des mêmes
principes la France aide à la commune émancipation des
races celtes et slaves, et elle aura eu la gloire de fonder
pour le monde un avenir nouveau dont son esprit restera
la synthèse éternelle.

ACTE PREMIER.

(DRESDE. — 1812.)

ACTE PREMIER.

PREMIER TABLEAU.

L'Allemagne en 1812, et la Grande Armée.

La scène est aux environs de Dresde , près d'une plaine qu'on n'aperçoit pas, et où la grande armée est passée en revue.

SCÈNE Ire.

KŒRNER , DIÉTRICH.

KŒRNER , avec enthousiasme.

J'aime à voir une armée, imposante et soumise,
S'exercer sous la main du chef qui la maîtrise,
Et, comme des ressorts qu'il tient en son pouvoir,
Les lignes se former, les masses se mouvoir.

DIÉTRICH, d'un air sombre.

Et pourtant sur nos bords cette armée installée ,
C'est notre servitude en spectacle étalée.

KŒRNER , avec insouciance.

Regrets du philosophe ou de l'illuminé !
Par la force en tout temps le monde est dominé.

DIÉTRICH.

Viens, quittons cette place et la foule stupide
Que tout spectacle attache à sa pompe insipide.
Loin qu'il m'attire à Dresde, il m'en aurait banni,
Si ces lieux avec toi ne m'avaient réuni.
Un dessein généreux où l'honneur m'intéresse,
M'oblige d'y chercher l'ami de ma jeunesse :
Je ne puis plus long-temps te le dissimuler.

KŒRNER.

Au nom de l'amitié, hâte-toi de parler.

DIÉTRICH.

Ces accents étrangers, ces traits d'une autre race
Que l'œil dans nos cités distingue à leur audace,
Disent chez les vaincus le vainqueur établi,
Héritant d'un passé qu'il condamne à l'oubli.
Vois près du conquérant la foule de nos princes
Qui, pour grossir sa cour, désertent leurs provinces :
Comme à son naturel le Prussien rendu,
Regagne à s'avilir le temps qu'il a perdu :
L'Autriche, réclamant les droits de sa noblesse,
Met au lit du soldat sa jeune archiduchesse.
Mais en vain il s'impose aux peuples allemands,
Pour leur commune mère unis de sentiments.
Dans nos sociétés, qu'en des jours moins propices
L'amour de la vertu forma sous ses auspices,
Un complot déjà mûr attend, pour éclater,
Le signal du départ qui devra le hâter.
Attiré vers le Nord par son mauvais génie,
Comme autrefois Varus dans notre Germanie,
Nous saisissons l'instant où dans ces régions
Il s'éloigne et s'enfonce avec ses légions.
Aussitôt l'Allemagne, où le sol le repousse,
Ferme le continent à ses pas qu'il rebrousse,

Et montre au conquérant privé de tout appui
Un abîme à franchir entre la France et lui.
L'Europe s'ébranlant par l'exemple enhardie,
Il doit se faire jour à travers l'incendie.
Parmi nos conjurés le plan fut résolu,
Et pour les commander c'est toi qu'ils ont élu.

KŒRNER.

Qui? moi! Sans mon aveu choisi dans mon absence!

DIÉTRICH.

J'ai rappelé la part que ton adolescence
Prit aux premiers combats de notre liberté
Par ces chants où nos cœurs retrempaient leur fierté :
Ces chants dont le transport nous fit courir aux armes,
Et qu'Iéna bientôt étouffa dans les larmes !
Leur choix s'est arrêté devant ce souvenir,
Et pour te l'annoncer Dresde m'a vu venir.

KŒRNER.

Je le dis à regret : dans les faits qu'il évoque,
Votre zèle s'égare et se trompe d'époque.
Chaque jour déplaçant tout intérêt humain,
Jamais semblable à soi n'arrive au lendemain.
L'Allemagne d'abord tenta la résistance :
Enfin, après avoir épuisé la constance,
Elle a pris le parti de la soumission.
Napoléon reçut du Ciel sa mission :
Voit-on dans les travaux que sa gloire associe
Les miracles manquer à ce nouveau Messie?
Cédons à l'évidence, et laissons-nous aller
Au cours de sa fortune au lieu de la troubler.

DIÉTRICH.

C'est peu de s'abaisser sous le joug qui l'éprouve,

Par sa complicité tu veux qu'elle l'approuve ?

KŒRNER.

Tout effort n'a qu'un temps ; et Wagram termina
Ce que laissaient douteux Austerlitz , Iéna.

DIÉTRICH.

Peux-tu donc à la force accorder tant d'empire?
Même quand sous son poids la résistance expire,
De la patrie en vain le culte est déserté :
Tant qu'un cœur généreux bat pour la liberté,
Dans ce temple aux tyrans elle vient se soustraire :
Leur puissance s'arrête au seuil du sanctuaire :
Et pour les renverser, plus terrible, elle en sort
Dans les jours consacrés aux vengeances du sort.

KŒRNER, ironiquement.

Mais pour un tel ouvrage, insensés que vous êtes,
C'est trop peu d'opposer les mots aux baïonnettes,
A moins d'avoir la foi qui transporte les monts ;
Ou du fond de l'abîme évoquant les démons,
D'allier contre lui, dans les heures funèbres,
Les puissances du Ciel à celles des ténèbres ;
Ou plutôt je voudrais, pour calmer sa ferveur,
Montrer la grande armée au mystique rêveur :
Il s'en retournerait guéri de son envie.

DIÉTRICH.

Le despote, après tout, a-t-il plus d'une vie?
Et ce devoir demande à qui veut le remplir,
Un esprit pour résoudre, un bras pour accomplir.

KŒRNER.

Arrête : le poignard ne va pas jusqu'à l'âme,
Et sans trancher le nœud il embrouille la trame.

Par lui seul il n'est rien : le monde qu'il conduit
Doit s'en prendre de l'homme au temps qui l'a produit.
Des révolutions, rapides émissaires,
Les vastes conquérants, crois-moi, sont nécessaires.
Cent peuples que le sort condamne à s'ignorer,
Sous les mêmes drapeaux viennent se rencontrer;
Révélés l'un à l'autre, ils se mêlent, s'entendent,
Et des germes féconds dans les cœurs se répandent :
L'esprit s'ouvre aux clartés qu'il ne connaissait pas,
Et vers son avenir le monde a fait un pas.
Tel est Napoléon... Mais des rangs de ses troupes,
Vois ces hommes sortis et rassemblés en groupes :
Viens, à notre débat laissons quelque repos,
Pour comprendre leur chef, écoute leurs propos.

(Pendant la fin de cette scène, le fond du théâtre s'est rempli de soldats mêlés à des spectateurs de la revue; ils
forment plusieurs groupes et plusieurs jeux de scène. Kœrner et Diétrich se perdent dans la foule : deux soldats s'en
détachent et s'abordent familièrement à l'avant-scène.)

SCÈNE II.

UN GRENADIER DE LA GARDE, UN SOLDAT DES
DIVISIONS ITALIENNES.

LE GRENADIER.

Bonjour, l'Italien !

L'ITALIEN.

Salut, la vieille garde !

— 8 —

LE GRENADIER.

On jouit quand vivans l'un l'autre on se regarde :
Tel a pris rendez-vous afin de se revoir,
Qui se trouve, au jour dit, manquer sans le vouloir.

L'ITALIEN.

Malgré notre rencontre à de longs intervalles,
Vous avez conservé du crédit sur les balles.

LE GRENADIER.

Je cherche à reconnaître où la dernière fois
Nous nous dîmes adieu.

L'ITALIEN.

Mais à Madrid, je crois.

LE GRENADIER.

Oui, l'Empereur distrait de ses autres campagnes,
Avait de sa visite honoré les Espagnes,
Et ce soin quelque temps là-bas l'a retenu :
Le tour de l'Allemagne alors étant venu,
On vous laissa, sans nous, achever cette affaire ;
Car la garde au succès n'était plus nécessaire ;
Et, comme l'Empereur dont elle suit les pas,
Sa présence partout ne se prodigue pas.

L'ITALIEN, piqué.

Pour ceux qui n'en sont point, croit-on, à vous entendre,
La mitraille moins rude et le boulet plus tendre?
L'ennemi, mieux que vous, sait, quand nous l'assaillons,
De quel visage au feu marchent nos bataillons.
Pourtant, et cette idée au fond nous contrarie,
On s'y bat pour l'honneur, mais non pour la patrie.

LE GRENADIER.

Qu'importe? Du soldat, vois-tu, jusqu'au tombeau,
La patrie est au camp où flotte son drapeau,
Et l'on est du pays dont vient son capitaine.

UN BAVAROIS, se mêlant à la conversation.

En faut-il une preuve éclatante et certaine?
La Bavière pour elle obtint du Protecteur
L'honneur de voir en roi changer son électeur :
Parmi ses alliés nous comptons à la France ;
Mais vienne une bataille, adieu la différence ;
Chacun dans notre armée avec Napoléon
Marche Français de cœur et Bavarois de nom.

UN HULAN POLONAIS, même jeu.

C'est nous qu'il faut charger du soin de sa louange ;
Puisqu'il rend à nos vœux la Pologne qu'il venge ;
Et par l'abaissement de ceux qu'il va dompter,
Au rang de nation il nous fait remonter.

L'ITALIEN, d'un air morose.

Quelle terre avait droit à s'y voir rétablie
De par Napoléon mieux que notre Italie?
C'est là qu'il fit l'essai de ses premiers exploits ;
Sa fortune en triomphe y revint à deux fois :
Jamais plus noble fils à plus illustre mère
Ne semblait accordé pour finir sa misère :
Mais il trompa nos vœux et vous trompe aujourd'hui.

LE GRENADIER.

Eh ! pouvait-il mieux faire? il vous a pris pour lui.

LE HULAN.

Aviez-vous à servir sa gloire vagabonde,

Semé vos ossements sur la face du monde?
On est fort de son droit quand on l'a su gagner,
Et l'on dit que sur nous il appelle à régner
Ou de Kosciusko l'héroïque vieillesse,
Ou de Poniatowsky la vaillante jeunesse.

L'ITALIEN.

Oui, comme il nous fit don d'Eugène et de Murat.

LE GRENADIER.

Quel reproche à ce choix pourrait faire un soldat?

L'ITALIEN.

Un seul : ils ne sont pas les fils de l'Italie.

LE GRENADIER.

Il y revient toujours, et c'est là sa folie.

LE BAVAROIS.

Oui, folie en effet : on a des sentiments,
Le cœur reste fidèle à ses attachements;
Mais quand le chef commande, au poste qu'il désigne,
On va sans demander raison de sa consigne.

LE GRENADIER.

Et puis! dans le débat nous n'avons rien à voir,
Bien se battre en son temps, voilà notre devoir.

L'ITALIEN.

A vous : mais la patrie est là qui nous querelle :
De notre sang versé le beau profit pour elle,
Quand sous un maréchal nous aurons travaillé,
Pour qu'en sceptre de roi son bâton soit taillé!

LE GRENADIER.

Un grade comme un autre et qui n'est pas le pire !
S'entend-on proclamer maréchal de l'empire,
Pour que l'ambition s'arrête à cet emploi ?
Le moyen d'en sortir à moins de passer roi ?
Ici, de l'Empereur l'exemple vient apprendre
Comment, pour y monter, un homme doit s'y prendre.
Au fait, je ne vois pas pourquoi nous renonçons
A suivre jusqu'au bout le maître et ses leçons.

LE HULAN.

Bien dit : je veux d'abord, fidèle à sa doctrine,
Suspendre de la croix l'étoile à ma poitrine.
Qu'un coup soit à frapper quelque part, je suis là ;
Et je me fais tuer pour l'avoir.

LE GRENADIER.

                    C'est cela.
Sa conquête achevée, en terres, en provinces,
La Russie est d'étoffe à pourvoir trente princes.
Aussi, comme au festin, les rangs sont enviés :
Tous les peuples d'Europe avec nous conviés,
Se pressent pour avoir une place à la table.
On va me reprocher d'être peu charitable,
Mais ceux qui, comme nous, n'auront pu s'y trouver,
Pour des regrets sans fin devront se réserver.

L'ITALIEN.

Sait-on ce qui là-bas nous attend au contraire ?
Un pays que les ours ont choisi pour repaire,
Un sol toujours durci de neiges, de frimas,
Et dont un ciel de fer recouvre les climats !

LE GRENADIER.

Ma foi, vivent surtout l'Italie et l'Espagne

Pour prendre du bon temps et faire une campagne !
Quelquefois d'un repas on sort empoisonné,
Ou dans sa promenade on reste assassiné :
Faibles désagréments contre tant d'avantages !
Et d'ailleurs un pays a toujours ses usages.
Puis on traite en vaincu l'ennemi trop mutin,
Tout est de bonne prise, argent, femme ou butin.
L'Allemagne est encore un pays que j'estime :
Mais c'est comme en amour un plaisir légitime.
Et le Nord qu'à son tour nous aurons visité,
Pour mérite du moins aura la nouveauté.

LE BAVAROIS.

Moi, j'ai fait mes adieux au clocher du village,
Et je ne connais rien de gai comme un voyage.
Où l'arbre a pris racine, il naît et doit mourir ;
A l'homme, il fut donné des jambes pour courir.

LE GRENADIER.

Ma moustache au soleil d'Égypte s'est roussie :
Des sables du désert passant à la Russie ;
Morbleu ! c'est à présent qu'on voudrait endurer
L'excès de la chaleur qui nous faisait jurer.

LE HULAN.

Eh quoi ! sous les drapeaux, vieilli comme vous êtes,
Et vous étant trouvé de noce à tant de fêtes,
Vous n'avez pu, partant du dernier échelon,
Au moins pour l'épaulette échanger le galon ?

LE GRENADIER.

La guerre fait, mon fils, cent pauvres pour un riche :
C'est une loterie où la fortune triche.
Et puis, quand j'ai voulu me former au métier,
J'ai senti qu'il fallait me refondre en entier.

Car qu'au bas d'un rapport mon nom doive se lire,
Je réponds à l'appel, mais je ne puis l'écrire.
Renonçant à l'espoir d'être un jour général.,
Je me suis contenté de monter caporal.

TOUS.

Honneur à l'ancien! c'est le premier des grades.
(On entend un roulement de tambour.)

LE GRENADIER.

Voici le roulement; à nos rangs, camarades.
(Ils se dispersent en courant, et laissent la scène vide.)

SCÈNE III.

KŒRNER, DIÉTRICH.

KŒRNER.

Eh bien! tu les entends : juge par leurs propos
L'empire que sur l'homme exerce le héros;
Et si tu peux encor, crois sa perte facile.

DIÉTRICH.

Parce qu'il fait de l'homme un instrument docile?
C'est le fer ignorant son emploi meurtrier,
Qui sert à l'assassin aussi bien qu'au guerrier.

KŒRNER.

Langage de ces fous, héros de tabagie,

Dont la tête s'échauffe aux vapeurs de l'orgie;
Lorsque pour discourir sur la table accoudés
On laisse reposer les cartes ou les dés;
Que versée à pleins bords la bière dans sa mousse
Achève d'étourdir la raison qui s'émousse :
D'un grand homme en trinquant on prononce l'arrêt,
On change l'univers du fond d'un cabaret!

DIÉTRICH.

Vois le pâtre en Espagne, à la voix de ses prêtres,
Ravir au conquérant le sol de ses ancêtres,
Et seul dans la balance, un simple montagnard
Mettre pour contre-poids sa croix et son poignard.

KŒRNER.

Oui, c'est des préjugés la révolte ordinaire,
L'ignorance arrêtant l'esprit qui régénère!

DIÉTRICH.

Je concevrais encor ce fol aveuglement
S'il avait pour objet dans l'homme un Allemand.

KŒRNER.

Va, demande au soleil de quel nom il se nomme.
C'est à l'humanité qu'appartient le grand homme;
Il règne, et l'univers l'appelle à l'éclairer,
Jusqu'où de ses rayons l'éclat peut pénétrer.
A quoi bon contredire au vœu de la nature
Dans l'ordre qu'elle assigne à chaque créature?
La terre est aux Français, l'Anglais obtint la mer,
L'Allemand pour sa part eut l'empire de l'air :
Que des biens plus réels son esprit moins avide
S'empare en souverain des régions du vide,
Assuré d'y trouver fort peu de concurrents.
Mais viens, laissons le monde en proie aux conquérants :

Tu connais cette actrice, ornement du théâtre,
Que partout on célèbre, et que Dresde idolâtre ;
Clara pour qui cent fois les têtes ont tourné,
Seul de mille rivaux le vainqueur fortuné ;
Je consacre à l'amour ma poétique ivresse.
Je veux te présenter à ma belle maîtresse :
Au sortir de la scène elle m'attend ce soir
Sur la molle ottomane et dans le frais boudoir.
Là, pour te convertir à la foi qui m'éclaire,
La France plaidera par les beaux yeux de Claire :
Car la femme partout réfléchit les attraits
De son esprit léger qu'elle rend traits pour traits.

DIÉTRICH.

Ton langage m'attriste encor plus qu'il m'indigne,
Mais la réflexion malgré moi m'y résigne.
Adieu, je quitte Dresde : après de tels aveux,
Je ne te presse plus de te rendre à nos vœux :
Le temps qui saisit l'homme en sa marche éternelle,
N'a pas encor marqué ton heure solennelle.
Mais si la liberté doit passer sur nos pas
De la nuit des complots au soleil des combats,
Parmi ses défenseurs sûr de te reconnaître,
Regarde à tes côtés, tu m'y verras paraître.

(Il sort.)

SCÈNE IV.

KŒRNER , seul.

Il s'éloigne !... tant mieux : sans ce brusque départ
Peut-être à leur complot ma faiblesse eût pris part :
Car en vain ma raison chercherait à l'absoudre,

C'est aller follement se brûler à la foudre.
Et comment au hasard exposer sans retour
Le timide bonheur d'un cœur tout à l'amour...
Mais quoi ! lui-même atteint d'une secrète alarme,
Il sent s'évanouir cette paix qui le charme.
Dans son calme trompeur le trouble a pénétré,
La foi déjà chancelle où le doute est entré.
Patrie, ai-je entendu ta voix que je révère?
Partagé désormais par un devoir sévère,
Le combat pour mon cœur ne peut-il s'achever
Qu'en perdant le seul bien qu'il voudrait conserver?

(Il s'éloigne triste et pensif.)

DEUXIÈME TABLEAU.

Napoléon et sa Cour.

La scène est à Dresde, dans le palais des rois de Saxe

SCÈNE Ire.

EUGÈNE, BERTHIER.

BERTHIER.

Quoi ! j'ai pu le premier saluer votre altesse !

EUGÈNE.

Je suis reconnaissant de tant de politesse
Au prince de Wagram.

BERTHIER.

       Traitez-moi sans façon :
Qu'une fois en passant j'entende mon vrai nom;
Il me reporte au temps où notre connaissance
Dans les plaisirs du monde autrefois prit naissance

2

Lorsque loin des grandeurs, sans en être plus mal,
Le jour à son réveil nous surprenait au bal;
Ou qu'aux bras de l'amour, délassés de la gloire,
Nous étions les héros d'une piquante histoire.
Appelez-moi Berthier, monseigneur.

EUGÈNE.

Volontier :
Mais point de monseigneur entre Eugène et Berthier.

BERTHIER.

J'oubliais : l'habitude est le tyran des hommes.
Que le passé grandit, vu du point où nous sommes !
Tel nous apparaissait l'avenir enchanté,
Dans les jours orageux de notre liberté :
L'éclat de la jeunesse à tout donnait l'empreinte,
Et peignait les objets de notre avide étreinte.
On se prend aux filets de ses propres désirs ;
Les soins de la grandeur ont chassé les plaisirs ;
Et moi, que l'Empereur tient dans sa confidence,
Sous mes liens dorés je sens ma dépendance.

EUGÈNE.

J'entends : vous aimeriez, en modeste bourgeois,
Vivre dans l'indolence au château de Grosbois;
Et, pour vous divertir des conquêtes humaines,
Chasser au sanglier traqué sur vos domaines.

BERTHIER, soupirant.

Ah! sans doute... En revanche, on va nous envoyer
Dans les frimas du Nord transir et guerroyer.
Que de jours, en travaux, que de nuits consumées !
J'apporte à l'Empereur l'état de ses armées.

(Il dépose un portefeuille sur la table.)

EUGÈNE.

Que fait-il?

BERTHIER.

L'Empereur est allé dès le jour
Congédier les rois qui composent sa cour,
Et d'un hôte attentif remplir le personnage.
Parmi ces majestés de haut et bas étage,
Bavière et Wurtemberg sont encore en retard;
L'Autriche, de la Prusse entraînant le départ,
A donné le signal : et déjà cette foule,
Princes, rois, empereur, s'éclaircit et s'écoule.
Que n'avez-vous été spectateur curieux
Du concours qu'attirait un maître impérieux,
Pour les voir sur ses pas confondus dans la presse,
S'essayer dans un art nouveau pour leur adresse;
Et pour lui revêtir les dehors complaisants
Qu'affectaient avec eux leurs propres courtisans.

EUGÈNE, distrait.

En vérité... Berthier, dites-moi, je vous prie,
Murat est-il venu?

BERTHIER.

Cette nuit : je parie
Qu'il vous suivait de près.

EUGÈNE.

L'Empereur l'a-t-il vu?

BERTHIER.

Non; Murat au palais n'a pas encore paru.
Les ordres sont donnés pour entrer en campagne :
Notre ligne s'ébranle au sein de l'Allemagne;
Et déjà tous les corps de ce vaste armement
Pour franchir la Vistule ont fait leur mouvement.
Mais j'entends l'Empereur.

SCÈNE II.

Les Précédens, NAPOLÉON, Grands Officiers.

NAPOLÉON, assis, sans voir Eugène.

Enfin on me délivre !
A tant de compliments la tête se sent ivre :
Pour un esprit vulgaire, ils seraient un écueil :
Moi, de la vanité ! passe pour de l'orgueil.
Prince ou roi, qu'un flatteur aujourd'hui me dérange,
J'enverrai promener et l'homme et la louange.

EUGÈNE, approchant.

Ne ferez-vous pas, sire, exception pour moi ?

NAPOLÉON, surpris.

Vous ici ! De l'arrêt j'exclus le vice-roi.
Messieurs, éloignez-vous...

SCÈNE III.

NAPOLÉON, EUGÈNE.

NAPOLÉON.

Et vous, venez, Eugène :
Qu'entre nous le passé ne mette point de gêne.
Long-temps à votre mère attaché par mes vœux,

J'ai dû m'en séparer pour former d'autres nœuds :
Mais de tout l'ascendant qu'y peut prendre une femme,
Joséphine en maîtresse a régné dans mon ame :
Inconnu, j'ai près d'elle ignoré l'abandon,
Et senti plus de charme à l'éclat d'un grand nom :
Mes soins se partageant entre elle et la victoire,
Pour rivale du moins elle n'eut que la gloire.
Las d'entendre les rois, aux pieds de leur vainqueur,
Me jurer amitié, la haine dans le cœur,
Qu'à travers mes ennuis j'évoque son image,
Je cède au souvenir dont l'attrait m'en dégage.
Même l'opinion que par elle inspiré,
L'astre qui me guidait de moi s'est retiré,
Du peuple dans sa foi la naïve croyance,
Eh bien! je la partage avec toute la France.

EUGÈNE.

D'une épouse bannie, ô triomphe secret!
Pour elle quel honneur! mais aussi quel regret!

NAPOLÉON.

Il l'a fallu : je suis ma route irrévocable.
J'appartiens à cette œuvre immense, inexplicable,
Que le Ciel pour remplir m'a fait naître à dessein,
Et dont la terre à peine entrevoit le dessin.
Ah! quand pour l'accomplir je pousse aux funérailles,
Les générations sur les champs de batailles;
Que d'autres renaissant pour s'y voir envoyer,
Partout je rends déserts la couche et le foyer;
Seul j'aurais refusé de m'immoler moi-même!
J'ai soumis mes penchants à cette loi suprême;
Comme la France à moi soumit sa liberté,
Le monde son destin, l'homme sa volonté.

EUGÈNE, avec expression.

Eh bien! montrez l'erreur d'un siècle qui vous blâme

Rendez la paix au monde et le calme à votre ame.

NAPOLÉON.

Enfant, nous y viendrons : oui, ce dernier effort ;
Encor cette campagne, et nous touchons au port.
Porté, sans y prétendre, aux grandeurs souveraines,
Le char était lancé, j'ai pris en main les rênes :
Les pouvoirs dans un seul ont dû se résigner,
Le peuple se faire homme, obéir pour régner.
Qu'eût fait la liberté, dans sa sanglante orgie,
De ses forces sur elle épuisant l'énergie?
On me blâme : qu'un jour je retire ma main,
Et le monde au chaos va retourner demain.
Mais après que l'empire eut renversé leur digue,
Des rois, en la brisant, j'ai reformé la ligue,
Dont les chaînons, scellés par moi dans le rocher,
A mon trône aujourd'hui viennent se rattacher.
La Russie à son tour devra le reconnaître,
Ou du rang des états elle va disparaître.

EUGÈNE.

Un pouvoir employé sans cesse à conquérir
Se perd par les moyens qui l'ont fait acquérir,
Lorsque tout devrait tendre à le rendre durable.

NAPOLÉON.

Me crois-tu moins jaloux d'une paix désirable?
Quel vaste champ la France offrait à mon ardeur,
Si j'avais en repos cultivé sa grandeur !
Voir le commerce ouvrir des terres inconnues ;
Les Alpes élever mes routes dans les nues ;
Des rades de Cherbourg et des bassins d'Anvers,
Nos libres pavillons parcourir l'univers;
Paris de tous les arts rassemblant les merveilles,
L'un par l'autre inspirés, s'enrichir de leurs veilles ;

Et brigué parmi nous, comme à Rome autrefois,
Le rang de citoyen s'accorder à des rois !
Mais le soin d'exister actif à m'en distraire,
M'a fait de la conquête une loi nécessaire ;
Et de tant de combats, quand je sors triomphant,
En attaquant toujours, c'est moi qui me défend.

EUGÈNE.

Dresde vous a prouvé que l'effroi qu'il inspire,
Désormais n'admet plus de crainte pour l'empire ;
Et tant d'états tremblant devant sa majesté·
Démontrent sa puissance et son éternité.

NAPOLÉON.

Non, non ; l'illusion, Eugène, est pour la foule :
Une pierre enlevée, et l'édifice croule !
Cet empire promis à mon tendre héritier,
Sur le sort d'un enfant repose tout entier.
Heureux si je puis voir, devançant les années,
Son esprit égaler ses hautes destinées,
Et léguant ma pensée aux siècles à venir,
Mon règne en vieillissant par lui se rajeunir !
Mais devant cette guerre un présage me frappe ;
Je puis tout, et je sens que la force m'échappe :
Plus j'en approche, et plus une secrète horreur,
Maîtresse de mon âme, y jette la terreur.

EUGÈNE.

Que cette impression s'efface d'elle, sire.

NAPOLÉON.

Eugène, dans mon cœur je vous ai laissé lire :
Voici ce que du vôtre il veut par ce discours,
Et quel soin ma tendresse attend de son secours.
Si le sort contre moi préparait quelque outrage,

Enfin, si l'ouvrier manquait à son ouvrage,
L'empire me rendrait, déchiré par lambeau,
Les honneurs que reçut Alexandre au tombeau.
Quels rangs verraient marcher les hommes dont naguère
Ma fortune alluma l'ambition vulgaire?
Toi seul as rassuré mon esprit combattu ;
Doutant de tout le monde, il croit à ta vertu.
Eh bien! c'est par le père, à son heure mortelle,
Que le fils orphelin est mis sous ta tutelle.
Dans les soulèvements, au milieu des complots,
Toujours prêt pour sa cause à descendre en champ-clos,
Jure-moi d'embrasser, fidèle à ma mémoire,
Le parti de mon fils, et celui de la gloire.

EUGÈNE, avec expression.

Jusqu'au dernier soupir prenant ses intérêts,
Quand tout l'aurait trahi seul je lui resterais.

NAPOLÉON.

Bien, le père est content..... Maintenant je désire
Que vous me répondiez comme au chef de l'empire.
En route avec Murat vous êtes-vous trouvé?

EUGÈNE.

Non, quoique sur mes pas on le dise arrivé.

NAPOLÉON.

Changeant, capricieux dans ses bizarreries,
Paris ne le voit plus paraître aux Tuileries,
Depuis qu'un fils m'est né .. Ce silence suspect
Marque un secret dépit ou l'oubli du respect :
Quelque sens qu'il lui donne, il faudra qu'il l'explique.

UN HUISSIER, annonçant.

Le roi de Naple.

NAPOLÉON , après avoir réfléchi.

Entrez ; l'audience est publique.

SCÈNE IV.

LES PRÉCÉDENS, MURAT, BERTHIER, STADION,
OFFICIERS.

NAPOLÉON.

Vous êtes, roi de Naple, ici le bien-venu :
Loin de nous si long-temps qui vous a retenu ?

MURAT, avec embarras.

Ah ! sire, les devoirs qu'impose un nouveau règne...

NAPOLÉON , sévèrement.

Oui, vous les pratiquez sans qu'on vous les enseigne :
Ils flattent notre goût, moins pressé d'accomplir
Ceux que l'orgueil nous rend plus rétifs à remplir.
Mais un prince s'oblige en prenant la puissance ;
L'intérêt, à défaut de la reconnaissance,
Doit lui persuader que son premier devoir
Est d'abord envers moi dont il tient son pouvoir.

(D'un ton radouci.)

Si mon cœur vous adresse un reproche sévère
Pour votre négligence à revoir un bon frère,
Avec plus de plaisir je vous offre en ce jour
Ma tente pour palais et mon camp pour séjour.
Car un champ de bataille est le lieu qui me semble

Le mieux nous convenir pour y paraître ensemble :
C'est vraiment là ma cour, où, sans être attendu,
On est sûr de vous voir au rang qui vous est dû.

MURAT.

Mon courage partout n'aspire qu'à vous suivre ;
Et du soin de penser heureux qu'on le délivre,
Il dépose avec joie, en marchant au combat,
Les fonctions de roi pour celles de soldat.

(Napoléon fait un geste d'assentiment ; puis, parcourant le
cercle, il s'arrête avec surprise devant le comte de Stadion.)

NAPOLÉON.

Monsieur de Stadion !

STADION, s'inclinant.

Oui, sire : à votre suite,
Et comme ambassadeur mon maître m'accrédite.

NAPOLÉON.

L'empereur, mon beau-père, a prévenu mes vœux ;
Mais pour votre talent le poste est malheureux :
Sur la scène où la guerre a pris le premier rôle,
Désormais l'action détrône la parole.

STADION

Sire, dans tous les lieux et dans tous les moments
On trouve près de vous de grands enseignements :
Et comme le guerrier conduit par son courage
Y fait dans l'art de vaincre un sûr apprentissage ;
Ainsi l'homme d'état, habile à discerner,
S'y forme, en observant, dans l'art de gouverner ;
Mieux que la règle, ici l'exemple nous éclaire,
Et pour l'apprendre, on n'a qu'à vous regarder faire.

(L'empereur fait un geste gracieux ; puis, désignant Berthier
qui a montré plusieurs fois des marques d'impatience.)

NAPOLÉON.

Ma gloire à l'avenir doit compte de son temps :
Un témoin me rappelle à des soins importants.
Le prince de Wagram par son impatience
Veut que sans différer je leur donne audience ;
Et vous m'excuserez, messieurs, de vous quitter.

(L'empereur est entré dans son cabinet avec Berthier ; tous
les assistants se retirent : le comte de Stadion, regardant
Murat qui reste pensif à l'avant-scène, revient sur ses pas.)

SCÈNE V.

MURAT, STADION.

STADION, à part.

Il est seul : du hasard songeons à profiter :
(Haut.)
Que votre majesté permette, je l'en prie,
Qu'un hommage indiscret trouble sa rêverie...

MURAT, avec distraction.

Merci, monsieur, merci.

STADION.

Cette réception
Trahit dans l'Empereur de l'irritation.
On voit qu'auprès de lui l'éclat de vos services
Ne vous met pas toujours à l'abri des caprices.

MURAT, avec hauteur.

Quand je ne me plains pas de l'accueil qui m'est fait,
Je m'étonne qu'un autre en soit moins satisfait.

STADION.

Du prince et du ministre il confond l'intervalle;
Contre un soin qui m'élève autant qu'il vous ravale,
J'ai dû par mon respect protester près de vous.

MURAT, à part.

Ah! tout mon sang s'allume, enflammé de courroux.

STADION.

Tantôt à mes côtés on en fit la remarque :
Avant de réserver cet accueil au monarque,
Avec le vice-roi seul il s'est enfermé.
Des rapports contre vous l'ont peut-être animé?

MURAT.

Quoi! monsieur, vous croyez le vice-roi capable?...

STADION.

Est-ce donc l'accuser d'un désir si coupable!
Ne peut-il à son tour élever son espoir
Jusqu'à prendre d'un roi le titre et le pouvoir?
Naple où le paradis reproduit son image,
L'azur de son beau ciel, l'éclat de son rivage,
Laissent bien loin Milan qu'il régit pour autrui :
En vous rendant suspect il travaille pour lui.
L'Empereur, dans ses dons, plein de magnificence,
Se réserve sur eux les droits de la puissance;
Et le bien qu'il reprend, plus cher à nos regrets,
Semble, éloigné de nous, acquérir plus d'attraits.

MURAT.

La balle d'un fusil, pour m'ôter ma conquête,
Devra briser d'un coup ma couronne et ma tête.

STADION.

L'augure est malheureux, car le pressentiment
Ne s'éveille jamais loin de l'événement :
Et s'il faut tôt ou tard que l'effet l'accomplisse,
Vous présenterez-vous seul à seul dans la lice ?

MURAT.

Comte, que signifie ?...

STADION.

           Oui, parlons sans détour.
Naple en votre pouvoir importe à notre cour :
Et lui, pour récréer sa grandeur abolie,
Aspire à faire un corps de toute l'Italie.
Plein de ses souvenirs, n'a-t-il pas décerné
Le nom de roi de Rome à son fils premier-né ?
Jusqu'à nouvel emploi, d'un royaume précaire
On peut vous regarder comme dépositaire.
Hier c'était Joseph : aujourd'hui vous ; demain
Un autre, si du sceptre il charge une autre main.
Tous ne gagneront pas, à l'échange d'un trône,
D'unir, comme Joseph, sous la même couronne,
L'Espagne et l'Amérique : et pour être employé,
Au grand-duché de Berg vous serez renvoyé.

MURAT, piqué.

Le comte au sérieux ne prend pas ce langage,
Puisqu'il feint d'oublier le nœud qui nous engage :
Dans le sort qu'il m'a fait, Naple a pour possesseur
Son compagnon de gloire et l'époux de sa sœur.

STADION.

Les rapports , les humeurs , tout change ; et par ce titre
De votre destinée en est-il moins l'arbitre ?
Dans ses brusques retours enclin à varier ,
Il pénètre nos vœux pour les contrarier.
Vous voudrez vainement user de subterfuge ;
Résistez , dans l'ami vous n'aurez plus qu'un juge.

MURAT , ironiquement.

Sans doute , auprès de moi l'essai que vous tentez
A l'aveu de la cour que vous représentez.

STADION , confidemment.

J'entends : mon souverain tient à lui par sa fille.
Mais pour sacrifier le trône à la famille ,
Vous-même , son parent dans un autre degré ,
Consultez la valeur d'un lien si sacré.
Depuis qu'elle a conquis la rive illyrienne ,
La France de trop près touche aux portes de Vienne :
Que l'Autriche s'assure un ami dont l'accord
Serve dans le Midi de contre-poids au Nord.
Mais le sage au présent ne borne pas sa vue ;
Les choses peuvent prendre une face imprévue.
Par elle à votre trône attachez un soutien ,
Dont l'intérêt pressant conspire à son maintien.
Je dis plus : cet accord prépare à l'Italie
L'union désirée et jamais accomplie ;
Et vous pourrez , régnant de l'une à l'autre mer ,
Placer sur votre front la couronne de fer.

MURAT , à part.

Rêves ambitieux dont l'image m'enflamme ,
Nourris dans le silence et l'ardeur de mon âme !
(Haut.)
Mais sur quoi fondez-vous l'appui que j'en attends ?

STADION.

Sur un traité secret... On vient... quel contre-temps !

SCÈNE VI.

Les Précédens , BERTHIER , sortant du cabinet de l'Empereur.

BERTHIER.

Quoi ! Votre Majesté si long-temps réunie
Avec son Excellence ici de compagnie !
C'est un vrai séducteur, et dans son entretien
D'un esprit distingué le charme vous retient.

STADION.

Le prince de Wagram me prête son mérite.

BERTHIER.

Sans vous chercher plus loin, grâce aux pas qu'il m'évite,
Pour tous les chefs de corps voici l'ordre signé
Et le commandement qui leur est assigné :
L'armée à l'avant-garde est mise sous le vôtre.

MURAT, surpris et flatté.

Ce poste à mon ardeur convient mieux que tout autre :
J'y peux suivre mes goûts, être au feu le premier,
Le dernier revenir d'un combat meurtrier.
Quel rang le vice-roi prend-il dans ce partage?

BERTHIER.

Sur lui, comme son chef, vous avez l'avantage.

MURAT , avec transport.

Je souscris avec joie à l'ordre calculé,
Qu'entre ses lieutenants l'empereur a réglé.

BERTHIER , à Stadion.

Partout nos alliés se hâtent de nous joindre .
Comte, l'empressement chez vous sera-t-il moindre?
Serez-vous, aux combats qui devront succéder,
Aussi froids pour agir que lents à décider?

STADION.

Je pourrais alléguer plus d'une circonstance,
Où, chez nous, la lenteur a prouvé la constance,
Vertu de peu d'éclat, mais qui n'est pas sans prix,
Dont l'emploi trop souvent par vous nous fut appris.
A vous l'élan fougueux , la brillante bravoure
Qui mesure l'audace au péril qui l'entoure;
A nous, sous les revers, l'art de nous replier;
Enfin, à vous l'épée, à nous le bouclier!

BERTHIER.

Comte, unis cette fois dans notre différence,
Nous la ferons servir à l'honneur de la France :
Pour joindre à nos moyens ceux qu'on vous reconnaît,
Je cours transmettre ailleurs l'ordre du cabinet.

SCÈNE VII.

MURAT, STADION.

MURAT, à part.

Mon cœur est trop étroit pour contenir sa joie :
Que l'amour s'y retrempe et la haine s'y noie.
(Haut.)
Comte, mon désaveu dément l'expression
D'un dépit qui fait place à la réflexion.
Je suis, par mon devoir et par mon caractère,
Fidèle à l'empereur Napoléon, mon frère.

SCÈNE VIII.

STADION, seul.

Va, tu ne démens pas le soldat couronné.
Et voilà par quels fous le monde est gouverné !
Ils ont écrit du sang de l'aristocratie
Des lettres de noblesse à la démocratie ;
Mais conquis à nos mœurs, formés à nos leçons,
Ces héros plébéiens tranchent de nos façons :
Flattant ceux que la haine engage à leur ruine,
Ennemis par état, comme par origine.
Tant mieux, car de leur pert ils sont les artisans

3

— 34 —

En admettant près d'eux nos propres partisans.
Notre complot mûrit; il a pour correspondre
A Moskou Rostopchine, et Castlereagh à Londre :
Deux pôles opposés, d'où venant à partir,
Au centre où je me tiens les fils vont aboutir.
C'est peu d'armer contre eux l'orgueil nobiliaire,
Notre cause en Murat gagne un auxiliaire.
Par lui je veux d'abord perdre son bienfaiteur;
Plus tard sa trahison perdra le déserteur.
Il s'éloigne, et je pars : mais afin que j'attise
La sourde inimitié qui déjà les divise,
Absent, qu'auprès de lui quelqu'un de familier
Me rende de son cœur un compte régulier.

SCÈNE IX.

STADION, GAÉTAN.

STADION.

Ah!... monsieur Gaétan? Je crois le reconnaître.

GAÉTAN, surpris.

Monseigneur sait mon nom?

STADION.

Vous cherchez votre maître?
Il n'est plus au palais : mais voulant vous parler,
Je rends grâce au hasard de nous y rassembler.

GAÉTAN.

Quelle distinction près de votre excellence
Peut me recommander à tant de bienveillance ?

STADION.

Vous du roi Joachim l'intime serviteur,
Qu'un emploi, revêtu du droit le plus flatteur,
De l'oreille du prince approche par sa place !
Voulez-vous, distingué des gens de votre classe,
Qu'auprès de notre cour, sans jamais se tarir,
La source des faveurs pour vous vienne à s'ouvrir ?
Faites contribuer ce crédit domestique
A servir les desseins de notre politique.

GAÉTAN.

Ciel ! comment mériter l'honneur ?...

STADION.

                            A peu de frais :
Pour nous du roi de Naple épiez les secrets.

GAÉTAN.

Vendre mon souverain !

STADION.

                            Quoi ! par un vain scrupule,
Vous vous laissez troubler d'un effroi ridicule ?
Pour qui veut parvenir, croyez-moi, dans les cours,
Les chemins les plus droits ne sont pas les plus courts.
L'exemple à chaque pas y démontre sans cesse
Qu'on achète un honneur au prix d'une bassesse,
Ou qu'on y vend le sien sans en être avili,
Et l'emploi par le but est toujours ennobli.
Remplissez seulement celui que je désire,

On vous fera baron, comte du saint-empire;
Et ces titres, du monde attirant les égards,
Ils vous élèveront à vos propres regards.
Songez-y : la fortune au gré de notre envie
Ne se présente pas deux fois dans une vie;
Et l'avis obligeant par vous si mal goûté,
D'un autre, j'en suis sûr, serait mieux écouté.

GAÉTAN.

Moi, payer vos bontés par tant d'ingratitude !
A remplir tous vos vœux je mettrai mon étude :
Mon cœur, pour vous servir, n'est arrêté par rien ;
Ordonnez, je suis prêt.

STADION.

Venez, homme de bien.
De mes instructions que je vais vous transmettre,
Étudiez l'esprit, pour les suivre à la lettre.

FIN DU PREMIER ACTE.

ACTE SECOND.

(MOSCOU. — 1812.)

ACTE SECOND.

TROISIÈME TABLEAU

La Russie au moment de l'Invasion.

La scène se passe à Moscou, dans une galerie du palais des tzars, au Kremlin.

SCÈNE Ire.

IÉGOR, SOKOL.

SOKOL.

Salut ! de ce palais le digne chapelain ;
Le service du Ciel vous conduit au Kremlin,
Moi, celui de la terre... Eh bien ! quelle nouvelle ?

IÉGOR.

Les Français ont passé le Niémen.

SOKOL.

                     Bagatelle !
L'armée est à Wilna. Non, que je sois damné
Si leur Napoléon n'est le diable incarné.

IÉGOR.

Plus que tu ne le crois, bourgeois Sokol. Écoute.
L'avenir du pays m'inspirant quelque doute,
Seul à ma conjecture, en cette occasion,
L'Apocalypse offrait sa sombre vision.
Je l'ouvre à ce passage où le livre recèle
Quel signe annoncera la mort universelle :
Dieu sur moi fit descendre un rayon de l'esprit,
Et dans Napoléon j'ai trouvé... l'Antechrist !

SOKOL.

Miséricorde ! Ainsi déjà la fin du monde !

IÉGOR.

Contemple des humains la malice féconde,
Et la corruption dont leur cœur est atteint :
Comme un flambeau mourant la foi tombe et s'éteint,
La science profane insulte à ses mystères,
Et l'aumône est plus rare en nos saints monastères.
L'arbre a porté son fruit : le Ciel, que nous bravons,
Punit de nos péchés la terre des Slavons ;
Et le dragon armé qui la tient investie,
Est dans la main de Dieu le fléau qui châtie.
Puis, vois par quel hasard ce nom impérieux
Présente en notre langue un sens mystérieux.
J'y lis ces mots : « Il est sur le champ de bataille *.

SOKOL.

Un nom de conquérant qui va bien à sa taille !

---

* Il est assez singulier en effet que le nom de Napoléon forme en russe une phrase régulière composée de trois mots *Na-polé-on*, qu'on peut traduire, dans l'ordre d'inversion admis dans cette langue, par ceux-ci : *sur la plaine, lui.*

Qu'on admire, à le voir s'élever du néant,
Un grand homme, et le nain devenir un géant !
La fortune pour lui passe en ses complaisances
Tout ce qu'un cœur humain peut former d'espérances.
Quel rêve ! le soldat s'érige en souverain,
Les rois sont ses vassaux, et lui leur suzerain.

IÉGOR.

C'est par là qu'il ressemble à l'esprit de mensonge,
Tel que Jean l'a dépeint dans son céleste songe,
Qui doit, pour perdre l'homme, esclave des enfers,
Par la séduction subjuguer l'univers.
Sa grandeur t'éblouit ; mais, comme un météore,
De loin il est brillant, et de près il dévore.

SOKOL.

Dieu nous garde de lui, de près comme de loin !
Vraiment nos intérêts lui donnaient trop de soin.
Il voulait nous contraindre, et pourquoi, je vous prie,
D'exclure de nos ports fermés à l'industrie,
L'Anglais, dont le navire emprunte à nos climats
Le chanvre pour sa toile, et le bois pour ses mâts ;
Un commerce où chacun trouve plaisir et lucre !
On dit qu'en son empire il fait croître le sucre :
Nous que loin du soleil le Ciel voulut placer,
De ce fruit du tropique il faudrait nous passer.
A moins qu'il ne donnât par quelques sortiléges
La vertu de produire à nos stériles neiges :
Car il ne connaît rien d'impossible...
                    (On entend au dehors des cris de houra.)

IÉGOR, surpris.

                              Quel bruit?

SOKOL.

Aux acclamations du peuple qui le suit,

L'Empereur à cheval dans Moskou se promène,
Et sa course achevée au Kremlin le ramène.

IÉGOR.

Qu'un bon ange toujours daigne le protéger !

SOKOL.

Oui, franchise au commerce, ou guerre à l'étranger !

IÉGOR.

Adieu, je vais prier près des saintes images.

SOKOL.

Et moi, mêler ma voix à ces bruyans hommages.

SCÈNE II.

ALEXANDRE, BARCLAY DE TOLLY, Peuple.

ALEXANDRE, au peuple.

Peuple, enfans de Moskou, votre zèle m'apprend
Qu'aucun effort pour moi ne vous semble trop grand.
Dans nos extrémités combien je l'apprécie !
Frères, Dieu vous appelle à sauver la Russie.
Allez, pour ce dessein nos cœurs n'en feront qu'un :
Plaisirs, peines, travaux, tout nous sera commun.
(Le peuple sort.)

ALEXANDRE, à Barclay.

Loin que par les revers leur ardeur diminue,
Barclay, ce peuple y puise une force inconnue,

Et je le trouve encor plus fidèle au malheur,
Quand je quitte mon rang pour m'approcher du leur.

BARCLAY.

Sire, il croit vous lier par tant de sacrifices.

ALEXANDRE.

Oh! que je vive assez pour payer ses services;
Que ma reconnaissance, embrassant l'avenir,
Laisse à mes successeurs ses droits à maintenir!
J'approuve ces états dont la règle inflexible
Fait le bien nécessaire et le mal impossible :
Dans ceux où du hasard tout reste dépendant,
Un bon prince n'est rien qu'un heureux accident.

BARCLAY.

Ah! votre volonté pour loi nous doit suffire.

ALEXANDRE.

Vous croyez... Mais avant de réformer l'empire,
Songeons à le sauver. L'empereur des Français
Se repose à Wilna de ses premiers succès.
De triomphes partout sa marche est couronnée :
Notre camp de Drissa, l'ouvrage d'une année,
Qui d'avance marquait l'écueil du conquérant,
N'a pas même eut l'honneur d'arrêter le torrent.

BARCLAY.

Arrêter tout bouillant, au seuil de la carrière,
L'élan impétueux de cette âme guerrière!
Non, quittons cet espoir, et pour lui résister,
Qu'il nous voie à propos l'attendre et l'éviter.
La force s'amortit quand l'obstacle lui cède :
Pierre ainsi vint à bout de Charles de Suède;
Et contre les revers votre aïeul affermi,
Apprit de sa défaite à vaincre un ennemi.

ALEXANDRE.

On ne peut s'égarer sur les pas d'un tel guide.
Mais d'où vient qu'à Wilna Napoléon réside?
Dans un homme pareil cette lenteur confond.

BARCLAY.

A marcher contre vous c'est qu'il répugne au fond.
L'amitié qu'à Tilsitt vous vous êtes jurée
A votre désaccord promet peu de durée.
Le même sentiment l'attire aux mêmes lieux;
Vous voyant de plus près, vous vous entendrez mieux.
Car la nature en vous n'a point fait dans ce monde
Deux rivaux que sépare une haine profonde :
Sur tous vos différends le glaive doit trancher,
Mais la guerre par là tend à vous rapprocher.

ALEXANDRE.

Pour attirer les gens la méthode est nouvelle !
Si c'est par les moyens que le but se révèle,
Tous ces peuples, ces rois ameutés contre nous,
Marquent-ils le désir de ménager ses coups?
Et pourrons-nous, ainsi mis au ban de l'Europe,
Rompre le cercle armé dont il nous enveloppe?
Qu'il rêve notre perte ou notre abaissement,
Je repousse avec lui tout accommodement.

BARCLAY.

L'honneur vous le prescrit : point de paix ni de trève,
S'il prétend que du sien votre empire relève;
Confians dans nos droits et dans notre valeur,
Tirons notre salut de l'excès du malheur :
Mais qu'à nous seuls aussi ce dévoûment profite.
L'Angleterre, mêlée aux combats qu'elle excite,
Loin de soi les transporte, et, libre du danger,
Attend l'événement, pour mieux le diriger.

Voyez Napoléon, guerrier et politique !
Entraîné malgré moi d'un attrait sympathique,
Je le suis, rassemblant les élémens nouveaux
D'un monde qui devra sortir de ses travaux.
Il faut deux empereurs pour l'Europe et l'Asie :
Un égal avantage exclut la jalousie ;
Des lieux où la nature invite à dominer,
Si le choix entre nous peut se déterminer,
Que la France à son gré prenne pour son partage
Le Danube et le Nil, l'Éridan et le Tage :
Il reste un patrimoine à passer dans nos mains,
Que nous tiendrons des Grecs, comme elle des Romains ;
Et le front dans le Nord, sur le Caucase assise,
La Russie à ses pieds verra l'Inde soumise.
Ainsi, quand l'Occident rangé sous un seul roi
D'un autre Charlemagne aura reçu la loi,
Pour nous, plus vaste encor, renaîtra de sa cendre
L'empire d'Orient sous un autre Alexandre.

ALEXANDRE.

Comte, pour d'autres temps réservons l'entretien
D'un sujet où nos vœux se rencontrent si bien.
Quoique votre présence ailleurs fût réclamée,
J'ai dû vous rappeler de votre corps d'armée.
Vos talens à la guerre ont su se déployer,
Dans le commandement je veux les employer ;
Mais si la confiance attire les courages,
C'est à votre personne à gagner les suffrages.
Car pour sauver l'empire et pour les décider,
Aux efforts que ce soin m'oblige à demander,
Je dois à mes sujets quelque condescendance
Dans le choix du soutien de notre indépendance.
Laissant donc le sénat libre d'en disposer,
A son consentement je vais vous proposer.
Mais allez : j'aperçois le comte Rostopchine.

SCÈNE III.

ALEXANDRE, ROSTOPCHINE.

ALEXANDRE, à part.

J'ai lieu de soupçonner un complot qu'il machine.
Tout le parti des grands à lui s'est rallié ;
D'intrigue, de cabale, artisan délié,
Puissant par le crédit que lui donne sa place,
La faveur populaire enfle encor son audace.
Qu'il s'explique.

(Haut.)

Approchez, monsieur le gouverneur.
L'état de cette ville à vos soins fait honneur :
Votre zèle y maintient l'ordre et la prévoyance,
Tout justifie en vous ma haute confiance.

ROSTOPCHINE.

Sire, puissé-je ainsi toujours la mériter !
Mais d'un succès constant je n'ose me flatter.

ALEXANDRE, surpris.

Comte, pourquoi ce doute ?

ROSTOPCHINE.

En plus d'une rencontre,
La disgrâce est le prix du zèle que l'on montre.

ALEXANDRE.

Ah ! le choix de Barclay n'a pas votre agrément.

ROSTOPCHINE.

Je voudrais être ici seul de mon sentiment.

ALEXANDRE.

Qui l'ose partager ?

ROSTOPCHINE.

Le sénat : sa pensée
Sur cette question s'est déjà prononcée ;
Et lui-même en conseil se formant ce matin,
Vous transmet par ma voix son décret souverain.

ALEXANDRE.

Sans mon ordre, un décret ! de quel droit ?...

ROSTOPCHINE.

Pour le faire
Le sénat n'a pas cru votre ordre nécessaire :
En d'autres temps peut-être on l'aurait attendu.
Comme loi de l'état, le décret est rendu,
Et dans le choix du chef détermine à quel titre
Des forces de l'empire il deviendra l'arbitre.

ALEXANDRE.

Au quel ?

ROSTOPCHINE.

Considérant la grandeur du danger,
Le sénat de ce grade exclut tout étranger :
Un Russe est seul admis à sauver la Russie.

ALEXANDRE.

Ce mot dit tout : par lui l'intrigue est éclaircie :

En repoussant le chef que j'allais proposer,
Koutousof est celui qu'on voudrait m'imposer ;
Afin qu'avec la France éternisant la guerre,
Champion couronné, je serve l'Angleterre,
Qui placée entre nous comme un témoin cruel,
Fait d'une lutte à mort la loi de ce duel.
Mais à subir son joug je sens quelque scrupule ;
Le décret est sans force, et d'un mot je l'annule.

ROSTOPCHINE.

Vous l'adopterez, prince, et j'en fais le serment.

ALEXANDRE.

Comte, votre arrogance aura son châtiment.

ROSTOPCHINE.

Je parle comme organe et chef de la noblesse.
Devant Napoléon, grâce à votre faiblesse,
L'Europe dans Tilsitt fut réduite à fléchir.
Impuissant à vous seul pour oser l'affranchir,
Notre corps y prétend par l'esprit qui l'anime :
Et nous avons juré d'un accord unanime
De ne plus déposer le glaive une fois pris,
Qu'après avoir vaincu la France dans Paris :
Dussions-nous, pour servir d'instrument à nos haines,
Du dernier de nos serfs dépeupler nos domaines !
Mais pour nous assurer qu'ailleurs vaincu par nous,
L'étranger ne pourra nous vaincre auprès de vous ;
Et, quand nous prodiguons nos trésors et nos vies,
Nuire à nos intérêts laissés sans garanties ;
Nous demandons un chef pris parmi nos pareils,
Qui, maître dans les camps, domine vos conseils.
Ce gage est Koutousof disposant de l'armée.

ALEXANDRE.

Tant d'audace en effet serait mal réprimée,

Si contre son retour je n'armais tout l'état
Par l'effroi d'un supplice égal à l'attentat.

ROSTOPCHINE.

Prenez garde ! les mots à plus d'un sens se prêtent ;
Les termes du décret contre vous s'interprètent :
Si chez nous l'étranger est banni des emplois,
Quel sera votre titre à nous donner des lois,
Vous, de race étrangère issu par la naissance ?

ALEXANDRE.

Perfide !

ROSTOPCHINE.

Tout dépend de votre obéissance.
N'accusez que vous seul si nos vœux rebutés,
Contre nos sentiments arment nos volontés.
Signez : la résistance est d'ailleurs superflue,
L'armée attend ce nom, le peuple le salue...

UN HUISSIER, entrant.

Les marchands de Moscou, pour la complimenter,
Devant Sa Majesté viennent se présenter.

ALEXANDRE, à part.

Cet homme trop long-temps pèse à ma patience :
Pour m'en débarrasser donnons leur audience.
    (Haut.)
Qu'ils entrent.

(L'huissier sort.)

ROSTOPCHINE, à part.
Soit, j'attends sa résolution.

ALEXANDRE, à part.
Pourrai-je commander à mon émotion ?

4

SCÈNE IV.

Les Précédens, la Députation de Marchands.

GLAZOF, chef de la députation.

Père, à toi nous venons dans les moments d'alarmes...
Mais que vois-je? Tes yeux nous dérobent des larmes.
En l'appui de ton peuple encor mal affermi,
Dis, redouterais-tu ton superbe ennemi?
Dieu qui hait ses fureurs, mit pour les rendre vaines,
Dans nos mines du fer, et du sang dans nos veines.
Que veux-tu? Des soldats, des armes et de l'or?
Demande hardiment, et puis demande encor.
Pour les fondre en canons, prends nos cloches sacrées;
Fais régner le silence aux coupoles dorées!
Mais la voix de l'airain montera-t-elle aux cieux
En sons moins solennels et moins harmonieux
Lorsqu'elle tonnera sur les champs de batailles,
Des braves par milliers sonnant les funérailles,
Et du monde, appelant l'ame à l'éternité,
Martyre de la gloire et de la liberté?

ALEXANDRE, ému.

Aux vœux que vous formez, combien je suis sensible!
L'ardeur qui les dicta rend la crainte impossible;
C'est ici des Slavons le berceau vénéré,
Et les fils de Moscou n'ont point dégénéré.

(Avec intention, en regardant Rostopchine.)

Vos regards sur ma face ont surpris un nuage,
J'en conviens : le malheur a ce triste avantage,

S'il fait voir les amis, il montre les ingrats,
Et ce tourment s'ajoute à tous mes embarras.
Assailli du dehors, la trahison m'assiége,
Jusque dans mon palais, près du trône elle siége...
De plus purs sentimens vos cœurs sont animés,
Et la voix de Glazof les a bien exprimés :
Devant vous je l'élève au rang de la noblesse.

GLAZOF.

Non ; mais sans t'offenser d'un refus qui te blesse,
Daigne entendre plutôt les vœux du citoyen,
Et ceux non moins ardents de l'homme et du chrétien.
Prince, un jour par tes soins montre, sur ce rivage,
Les peuples relevés du joug de l'esclavage.
Est-il juste qu'au sein de la société
L'homme de son égal soit la propriété ;
Qu'un partage insultant de luxe et de misère,
Distingue à tout jamais les fils du même père?
Quoi ! pour les racheter Dieu mourut sur la croix,
Et quand à l'autre vie ils ont les mêmes droits,
L'orgueil dans celle-ci les rabaisse à la brute !
Le malheur des sujets au monarque s'impute :
Souviens-t'en, tu reçus le pouvoir de juger,
Pour connaître le mal et pour le corriger.

ALEXANDRE.

Oui, Glazof, de nos mœurs l'esclavage est la rouille,
Et je dois effacer l'empreinte qui les souille.
De ce grand changement la gloire m'appartient ;
C'est le vœu le plus cher que mon cœur entretient.
Je veux que sous mon règne, ainsi qu'aux temps des Slaves,
On compte des sujets et non pas des esclaves.
Allez.

LES MARCHANDS, en se retirant.

Hourra !
(Ils sortent en répétant ce cri en signe d'allégresse.

SCÈNE V.

ALEXANDRE, ROSTOPCHINE.

ROSTOPCHINE, à part avec dépit.

Criez, misérables bourgeois!

ALEXANDRE.

Comte, de leurs transports vous souffrez, je le vois.

ROSTOPCHINE.

Quand le sort à l'épreuve aura mis leur constance,
D'un langage si fier on verra la jactance.

ALEXANDRE.

Ces gens de leur salut auraient tort de douter;
Quel péril avec vous leur reste à redouter?

ROSTOPCHINE.

Aucun: quand les Mogols fondirent sur nos rives,
Si j'en crois les témoins gardés dans ses archives,
Ma race eut pour auteur un des aventuriers
Que Gengis-Kan comptait parmi ses officiers.
Je ne veux pas laisser mentir le sang tartare
Dans l'accueil qu'aux Français ma vengeance prépare.
Oui, trouvant une fois son génie en défaut,
Leur chef reconnaîtra s'il suffit d'un assaut

Pour briser le géant dont la robuste épaule
Porte un double univers en s'adossant au pôle.
Ah! quand ton ennemi perdu dans les forêts,
S'arrache avec effort aux fanges des marais,
Rends grace à tes déserts, ma bonne Moscovie;
Aux pays du soleil ne porte plus envie :
Les Français à la mort viennent en étourdis ;
Mais dans ton sein glacé, leurs membres engourdis
Ne rencontreront pas même une sépulture,
Et tes oiseaux de proie auront de la pâture.

ALEXANDRE.

Politique profond, ou plutôt aveuglé !
Le désert devant l'homme a partout reculé.
Où le trouver ici? Moscou sur leur passage,
C'est le port qu'on salue à la fin du voyage.

ROSTOPCHINE.

L'asile est dangereux ; et s'il leur reste ouvert,
Mieux eût valu la soif et la faim du désert.

ALEXANDRE.

Insensé!

ROSTOPCHINE, avec exaltation.

Le beau jour que celui dont l'aurore
Pâlira sous l'éclat d'un feu plus vif encore ;
Lorsque Napoléon, troublé dans son sommeil,
Verra l'embrasement éclairer son réveil;
Lui montrer sa conquête en cendres consumée,
Et ses vastes projets convertis en fumée !
Désastre triomphant, fête splendide à voir,
Qu'efface du vainqueur l'immense désespoir !

ALEXANDRE, troublé.

Qu'entends-je? quel complot se dévoile à ma crainte?

Vous parlez de brûler Moscou, la ville sainte!

ROSTOPCHINE.

Dites qu'aux ennemis je prétends l'arracher.
Ah! si de leur armée elle était le bûcher!

ALEXANDRE.

Moi, livrer aux essais d'une audace infernale
Moscou, de Pétersbourg la sœur et la rivale!...

ROSTOPCHINE.

A pareil sacrifice on se résout alors
Que la perte d'un membre est le salut du corps.

ALEXANDRE.

Je ne souffrirai pas qu'une main parricide
Des biens de mes sujets dans sa rage décide.

ROSTOPCHINE.

Vous préférez permettre aux Français d'en jouir :
Tilsitt d'un tel excès vous aurait vu rougir.
Je le crois, l'entreprise est au-dessus des forces
D'un prince plus sensible à de vaines amorces,
Qui se laisse en enfant prendre et passionner
Par l'éclat d'un héros habile à l'étonner.

ALEXANDRE.

Comte, l'impunité vous fait me méconnaître :
Mais la fortune change; un jour je serai maître :
Alors tremblez pour vous.

ROSTOPCHINE.

                    Inventez des tourments
Qui puissent satisfaire à vos ressentiments.

Oui, dût la Sibérie, au fond de ses entrailles,
M'ensevelir vivant jusqu'à mes funérailles !
Pourvu que mon pays triomphe, c'est assez ;
Je brave tous les maux sur ma tête amassés.

ALEXANDRE, dans le plus grand trouble.

Non, ce serait sa perte, et je cours à l'armée
Vous dénoncer avant qu'elle soit consommée.
Pour confondre un projet conçu par la fureur,
C'est assez seulement d'en divulguer l'horreur.

ROSTOPCHINE, avec emportement.

Arrête, fils de Paul, souviens-toi de ton père.

ALEXANDRE, accablé.

Ah !... Sortons.

SCÈNE VI.

ROSTOPCHINE, seul.

Il me fuit : est-ce crainte, ou colère ?
Non, mes yeux dans les siens ont lu tout son effroi.
Vienne Napoléon, sa fortune est à moi !
Qu'une halte sanglante, arrêtant sa poursuite,
Suspende pour un jour sa marche et notre fuite :
L'approche du péril n'aura fait qu'assurer
Le succès du dessein qui doit le conjurer.
Alors, prince ou sujet, malheur à qui balance !
Un tumulte ici près !

(On entend un bruit extérieur.)

SCÈNE VII.

ROSTOPCHINE, SOKOL, Soldats Russes.

ROSTOPCHINE.

Que veut-on ?

LE CHEF DES SOLDATS.

Excellence,
On a pris sur cet homme en proclamation
Un appel du Français à notre nation.

ROSTOPCHINE.

Traître, d'où la tiens-tu ?

SOKOL.

D'une main inconnue,
Et, sans penser à mal, monseigneur, je l'ai lue.

ROSTOPCHINE, à part.

Quoi ! son or parmi nous solde des espions !
Dans quel rang a-t-il cru trouver des champions ?
(Il lit.)
C'est en armant les serfs contre nos priviléges !
(Haut.)
Et tu lis sans horreur de pareils sacriléges,
Qui sortent de la bouche et viennent de la main.

Dè l'ennemi juré de tout le genre humain !

(Aux Soldats.)

Vous, sans aller plus loin, sabrez-le sur la place.

SOKOL.

Grâce, pitié pour moi !

LES SOLDATS, en l'entraînant.

Non, à mort ! point de grâce !

QUATRIÈME TABLEAU.

Le Séjour à Moscou et la Retraite,

La scène est au palais des tzars à Moscou, dans un salon attenant
au cabinet de l'empereur.

SCÈNE Ire.

Il est nuit : l'empereur est assis à une table sur laquelle est déployée une carte de géographie.

NAPOLÉON, seul.

Quatre heures !... et je veille en attendant le jour !
Long-temps par l'incendie exclu de ce séjour,
J'y rentre à mes périls ; car, malgré sa menace,
J'étais impatient d'y reprendre ma place...
   C'est qu'en traits plus frappants qu'à Vienne et dans Berlin,
Le sens de mes travaux éclatait au Kremlin !
Comme au jour où je vis à mes vœux moins timides
L'horizon s'agrandir du pied des Pyramides,
L'Orient, dans ma course, atteint par d'autres bords,
Aujourd'hui, par Moscou, me montrait ses abords.

C'est là qu'avec les temps l'humanité commence ;
Races, traditions, tout est antique, immense :
Berceau des nations, obscur et lumineux,
Tout s'y rattache au Ciel par d'invisibles nœuds !
C'est là que je dus naître : au sein de cette terre,
Mère des conquérants, que féconde la guerre ;
Qui semblait attirer Alexandre et César,
D'où sortit Mahomet et son disciple Omar :
Loin de l'étroite Europe, où peuples et royaumes
Par leurs divisions atteignent aux atomes ;
Où chacun de la terre y dispute un morceau,
Et se bat pour un champ où le cours d'un ruisseau !
Que je puisse entre nous établir l'harmonie,
Et monter la nature au ton de mon génie ;
On verra de ma main sur la carte effacés
Les remparts qu'aux états l'ignorance a tracés :
Le monde inaccessible abaisser les barrières
Des peuples en troupeaux parqués dans leurs frontières ;
Et, mettant en commun leurs mœurs et leurs trésors,
Une langue, un esprit animer ce grand corps.

(Il se lève et se promène avec agitation.)

Oui, c'étaient mes projets : quelque temps j'ai pu croire
Que le sort pour cela m'élevait à la gloire ;
Que l'épée et le sceptre un jour m'étaient venus :
Rêves insidieux, je vous ai reconnus,
Depuis que dans les flots d'une mer enflammée,
Pour s'arracher à moi, Moscou s'est abîmée.
Malheureux !... donnez-moi des esprits à dompter,
Des ames à ravir, des cœurs à surmonter !
Mais une force brute, aveugle, qui consume
L'ennemi qu'elle attaque et la main qui l'allume !...
Cet obstacle a vaincu mon génie accablé.
Quel coup peut rétablir le respect ébranlé,
Quand Moscou tout en feu sous sa chute m'écrase,
Et s'arme contre moi du volcan qui l'embrase ?
Un seul, c'est d'y dicter la paix ; c'est de prouver

Que les peuples par là ne peuvent se sauver.
Ma gloire le réclame, ou, dans ce grand désastre,
Elle aura vu pâlir et s'éteindre mon astre;
Mon nom dans l'avenir figurerait au rang
D'aventurier vulgaire, au lieu de conquérant.

(Il s'approche de la fenêtre et contemple l'incendie.)

Comme le feu triomphe à travers la nuit sombre!
Quelle invisible main le rallume dans l'ombre?
Moscou, gage sanglant à ma perte immolé,
Sur l'autel de la haine holocauste brûlé!
Je voudrais bien savoir de quel œil Alexandre
Contemple à l'horizon sa capitale en cendre.
Moi, j'eusse reculé devant un tel débris,
Et j'aurais refusé l'univers à ce prix.

(Il s'arrête les bras croisés devant le portrait de Pierre Ier.)

Tzar Pierre, dont les traits vivent dans cette image,
On devait commencer par voiler ton visage.
Toi, par qui cet empire est sorti du néant,
Dont l'esprit l'a créé soi-même en se créant!
Si ton ombre préside au lieu qui t'a vu naître,
Regarde, à ces débris peux-tu le reconnaître?
Pourquoi n'es-tu pas né de mon temps? Dans Paris,
J'aurais voulu te voir, et tu m'aurais compris.
Ne me reproche pas cette ville en poussière;
Aux peuples, comme toi, je porte la lumière;
Pour la destruction mon bras n'est point armé.
Je marche à Pétersbourg : mais le Russe alarmé
Fera-t-il de ses murs, ta gloire et ton ouvrage,
Ce qu'il fit de Moscou dans son aveugle rage?
Après tout, dois-je y prendre un si grand intérêt?
A lui seul en sera la honte ou le regret;
Et puisqu'à me répondre Alexandre balance,
Ma menace le force à rompre le silence.

SCÈNE II.

NAPOLÉON, EUGÈNE.

NAPOLÉON, se retournant brusquement vers Eugène, qui entre avec précaution.

Ah! c'est vous, prince Eugène?

EUGÈNE.

Oui; j'ai cru plusieurs fois
Entendre, avant d'entrer, vos pas et votre voix.

NAPOLÉON.

Le Russe a-t-il tenté quelque attaque secrète?

EUGÈNE.

Toujours, en apparence, il poursuit sa retraite;
Mais du gros de l'armée un corps s'est détaché,
Et tournant au midi vers l'Ukraine a marché.

NAPOLÉON.

Croirai-je qu'un tel fait, sur l'avis qu'on vous mande,
Echappe à l'avant-garde où mon frère commande?

EUGÈNE.

On y semble oublier que devant l'ennemi
Jamais l'œil qui le suit ne doit être endormi.

NAPOLÉON.

Oui, j'ai fait à Murat savoir combien je blâme
Cet oubli des devoirs que son poste réclame :
L'appareil dont Murat aime à s'accompagner,
Aux yeux que son courage a déjà su gagner,
Le montre rehaussé par un luxe frivole,
Et Murat du Cosaque est devenu l'idole.
On afflue à son camp, et lui, par son accueil,
Autorise un concours qui flatte son orgueil;
Mais je prétends mettre ordre à cette négligence
Qui laisse des rivaux vivre en intelligence.
Un pareil mouvement passant inaperçu
Comme une trahison par moi serait reçu.

EUGÈNE.

Leur projet, indiqué par la route suivie,
Est de joindre le corps qui vient de Moldavie.

NAPOLÉON.

Sans doute, et leur succès pour nous serait gênant :
Déjà je fais poursuivre un chef entreprenant
Qui, jusqu'à mon armée, interrompt le passage,
Et n'y laisse arriver ni courrier ni message.
Absent de mes états, que peut-il s'y passer?
Ce silence et ce doute enfin vont-ils cesser?

EUGÈNE.

Je vous dois un avis : en traversant la plaine,
Soudain le vent du nord a glacé mon haleine;
Mon œil, autant que l'ombre au loin peut se franchir,
Vit dans l'obscurité tous les objets blanchir;
Et plus près, répétant les pas de mon cortége,
Le chemin s'effacer sous un voile de neige.

NAPOLÉON, tressaillant.

Qu'entends-je? hier encore un soleil radieux

Dans l'éclat du Midi se montrait à nos yeux ;
Et l'hiver nous surprend par sa subite approche !
Me fallait-il le voir pour le croire aussi proche ?
Pour la paix, dans Moscou, j'ai perdu trop de temps :
L'hiver vient dégager ceux de qui je l'attends...
Le parti le plus prompt lui seul me reste à prendre.

(Il va à la table, sonne ; un huissier entre.)

Au prince de Wagram qu'on dise de se rendre
Près de moi.

(L'huissier sort. — A Eugène.)

Nous touchons, Eugène, au dernier jour
Que devra, dans Moscou, compter notre séjour.

EUGÈNE, avec joie.

Tant mieux, sire.

SCÈNE III.

LES PRÉCÉDENTS, BERTHIER.

NAPOLÉON.

Venez, nous changeons de demeure.
Que l'armée à partir soit prête dans une heure,
Et que le mouvement partout soit ordonné
D'après le dernier plan que je vous ai donné.

BERTHIER.

Sire, avec votre aveu la marche proposée,

Devant vos maréchaux par moi fut exposée ;
Ils en ont admiré l'idée, et toutefois
Pour la désapprouver ils n'ont tous qu'une voix.

NAPOLÉON, surpris.

Quelles sont leurs raisons ? parlez, je vous écoute.

BERTHIER.

Aller vers Pétersbourg, c'est épargner la route
A l'hiver qui s'avance armé de ses rigueurs,
Dont la seule pensée a glacé tous les cœurs.
Au midi, découvrant de fertiles rivages
Où n'ont point pénétré la guerre et ses ravages,
Moins de calamités viendront nous affliger,
Et c'est là que nos pas doivent se diriger.

NAPOLÉON.

Du plan que j'ai formé, quand il n'est que la suite,
Mon départ de ces lieux aurait l'air d'une fuite ;
Pétersbourg vers le but m'approche de plus près,
Et poussant la conquête, en accroît les progrès.
Ailleurs, changeant d'objet comme de caractère,
La retraite m'éloigne et me déconsidère.

BERTHIER.

Sire, il est maintenant trop tard pour se flatter :
Prévenez les malheurs qui sont près d'éclater ;
Notre armée, en tournant le dos à la patrie,
S'est traînée à Moscou, languissante et meurtrie,
Sans pouvoir respirer au bout de ses travaux ;
Mais pour la condamner à des tourments nouveaux,
L'hiver vient ajouter, fléau de ces contrées,
Aux horreurs que sa marche a déjà rencontrées.
Sur la route déserte où vous les conduisez,
Ferez-vous soutenir à des corps épuisés

La lutte contre l'homme et contre la nature,
Quand le froid et la faim y joindront leur torture?
Assemblage confus, sans chefs et sans drapeau,
Attendez-vous à voir ce débile troupeau
D'hommes par la souffrance aigris jusqu'à la rage,
Perdre dans le besoin le lien du courage ;
Le désespoir gagner les cœurs les plus vaillants,
Et les armes tomber de leurs bras défaillants.

NAPOLÉON, embarrassé.

Je ne puis voir ces maux d'un œil d'indifférence,
Ni prendre sur moi seul le poids de leur souffrance :
Je me rends à vos vœux. Allez donc, j'y consens,
Distribuer partout mes ordres dans ce sens.

BERTHIER.

J'y cours.

SCÈNE IV.

NAPOLÉON, EUGÈNE.

NAPOLÉON, tristement.

'Je cède à tort : jamais chef d'une armée
Ne laisse impunément déchoir sa renommée ;
On ne recule pas quand on peut avancer.
Mais mon génie enfin commence à se lasser :
Il voit dans la langueur les courages s'éteindre,
Et, seul à résister, leur dégoût vient l'atteindre :

5

En dépit de moi-même ils se font écouter ;
De ma fortune aussi je me prends à douter ;
Je vieillis, je le sens.

EUGÈNE.

Non, c'est vous qu'il faut croire,
Quand du choix d'un dessein doit sortir la victoire ;
L'esprit qui veille en vous d'abord en est frappé,
Et son premier instinct ne l'a jamais trompé.
Qu'à son gré vers le Nord Pétersbourg vous attire,
Vous ne verrez personne y trouver à redire,
Chez ceux qui de l'honneur restés les partisans,
Ne sont pas de soldats devenus courtisans.

NAPOLÉON.

Enfant, j'aime à te voir une ardeur si pressante :
Aux cœurs qu'elle asservit, l'habitude est puissante ;
Soit faiblesse ou raison, je suis accoutumé
Aux hommes dont l'esprit sur le mien s'est formé.
D'ailleurs, en adoptant le parti qu'on préfère,
Mon départ à demain, sans danger, se diffère :
Et c'est le jour de grâce, après tant de délais,
Qu'Alexandre reçoit pour souscrire à la paix.
Tout me répond de lui, l'honneur, la politique,
Tilsitt, premier témoin d'un commerce héroïque !
Avec quelle chaleur, du droit de l'amitié,
Dans mes ressentiments il entrait de moitié,
Et contre l'Angleterre il prenait ma querelle,
S'offrant de me servir de second avec elle !
Il est jeune, accessible aux nobles sentiments ;
Je l'ai vu sous ces traits dans nos épanchements :
Croirai-je à sa franchise ? ou qu'avec son astuce,
Le Grec du Bas-Empire est caché sous le Russe ?
Non, j'espère aujourd'hui, de ses torts convaincu,
Emporter, en partant, l'amitié du vaincu.

EUGÈNE.

Puissiez-vous, détrompé d'une erreur déplorable,
Ne jamais regretter un temps irréparable !

SCÈNE V.

Les précédents, BERTHIER.

BERTHIER, tenant des papiers.

Les lettres de Paris !

NAPOLÉON, vivement.

Nos courriers ont passé !
Il était temps... d'où vient votre air embarrassé ?
Vous avez parcouru les rapports des ministres.
Eh bien ! parleraient-ils d'événements sinistres ?
Menacent-ils mon fils ?....

BERTHIER.

Non, l'orage est calmé ;
Par l'éclat d'un complot promptement réprimé,
Paris fut un moment séparé de l'empire.

NAPOLÉON.

Quoi ! dans la France encore on s'agite, on conspire !
A peine raffermis, verrai-je à tout propos
Remettre en question sa gloire et son repos ?

BERTHIER.

Un homme, en votre absence, a conçu la pensée
D'engager avec vous une lutte insensée.

NAPOLÉON.

Un homme! en est-il un qu'on me puisse égaler,
Qu'une gloire rivale ait paru signaler?
Moi, l'élu de la France, et qui dans ma personne
Assis en conquérant le peuple sur le trône!
Moi qu'au-dessus des rois le pontife romain
Seul depuis Charlemagne a sacré de sa main,
Et qui sur leur vieux tronc entai ma dynastie!
Quel autre est assez grand pour me prendre à partie?
Et si pour s'élever contre le choix du sort,
Sa fortune aussi haut n'aspire point à tort,
Comment l'ai-je ignoré jusqu'ici? car cet homme,
Pour le connaître enfin, j'attends qu'on me le nomme!

BERTHIER.

C'est Mallet.

NAPOLÉON.

            Qui? Mallet! ce nom m'est inconnu...
Attendez, à l'esprit l'homme m'est revenu;
C'est un républicain d'inflexible courage
Qui jadis au consul refusa son suffrage :
Qui depuis, éloigné de tout commandement,
Vit obscur et suspect à mon gouvernement...
Et c'est dans son foyer et dans la capitale,
Où de tous les pouvoirs la majesté s'étale,
Qu'il eût osé!.. Mais non, le piége est éventé :
Pour m'arracher du Nord c'est un conte inventé,
Un récit arrangé pour un effet semblable;
Car la réalité serait invraisemblable.

BERTHIER.

Les pièces et leur seing tout est officiel ·
En voici le rapport : lisez-le. Plût au Ciel
Qu'y découvrant la fraude à quelque circonstance,
L'examen donnât lieu d'en nier l'existence !

NAPOLÉON, lisant le rapport tout bas et le commentant tout haut.

Pour m'arracher du trône, il fuit d'une prison !...
Il commande, et son ordre arme la garnison !...
Au décret supposé du sénat, il ajoute
Le faux bruit de ma mort, et personne n'en doute !...
Imbéciles ! du coup chacun reste étourdi,
Sans oser soupçonner qu'un complot soit ourdi !...
Sous un autre pouvoir tout Paris se réveille !
Les chefs de la police en prison !... A merveille :
Il est juste qu'ils soient les premiers à souffrir
D'un complot que leurs yeux n'ont pas su découvrir !...
Enfin, par un hasard, la tentative échoue,
Et Mallet, contre moi, perd sa tête qu'il joue !...
Mais dans l'événement l'avenir est écrit :
Voyez, à pas un d'eux il ne vient à l'esprit
Que, moi mort, mon fils reste, avec lui ma puissance...
Des dangers du pouvoir fatale connaissance !
Je ne les laissais pas libres de discuter
Les ordres qu'ils étaient chargés d'exécuter,
Et par obéissance ils poussent à ma perte !
O d'un état mortel tardive découverte !

(Il se laisse tomber sur un siége avec accablement.)

BERTHIER.

Sire, rentrez en vous : le péril est passé.

NAPOLÉON, avec amertume.

Ainsi, de ces flatteurs dont je suis caressé,

Nul, d'après son devoir, au besoin ne consulte :
La crainte ou l'intérêt est le Dieu de leur culte,
Et leur zèle imposteur attend pour se glacer
Qu'un autre sur l'autel vienne me remplacer.
Et moi qui, ramassant le sceptre dans la boue,
Des révolutions fis rebrousser la roue,
Brisant mes vains efforts, je vois se déchaîner
Son vertige fatal prêt à tout entraîner.
Déjà j'entends crier la France qu'elle broie;
Au mal qui la consume elle retombe en proie,
Et sans cesse mêlant les grincements aux pleurs,
Le malade se tord sur son lit de douleurs.

EUGÈNE.

Un pareil incident dépassait tout présage :
Mais songez sous quel jour il faut qu'on l'envisage.

NAPOLÉON, se levant.

Oui, vous avez raison : empereur des Français,
Mes devoirs sont tracés, quel que soit le succès.
Vous, prince de Wagram, vous pouvez introduire
Tous ceux qu'auprès de moi l'alarme a fait conduire.
(Berthier va ouvrir la porte de l'antichambre.)

SCÈNE VI.

LES PRÉCÉDENTS, NEY, LES GRANDS OFFICIERS.

NEY.

Sire, nous accourons à Votre Majesté,
Au bruit de l'attentat d'un complot détesté..

NAPOLÉON , l'interrompant.

En vérité, messieurs, il n'en vaut pas la peine :
Plus digne d'inspirer la pitié que la haine,
Ce projet, confondu dès qu'on put l'éclaircir,
Sur trop d'aveuglement comptait pour réussir ;
Car de l'esprit dans l'homme il supposait l'absence,
Et pour tous les devoirs l'égale indifférence.
Quelques fous s'y sont pris ; mais leur témérité
Reçoit le châtiment qu'elle a bien mérité.
Ce n'est pas vous, messieurs, qu'une telle entreprise
Aurait rendus, comme eux, complices par surprise ;
L'honneur eût averti d'abord vos sentiments :
A mon fils, après moi, liés par vos serments,
Penser qu'à leur exemple un de vous fût capable
D'un pareil abandon; d'un oubli si coupable,
Ce serait lui porter de trop cruels défis !

TOUS.

Vivent notre empereur et son auguste fils !

NAPOLÉON.

C'est bien ; allez, messieurs.—Je n'y suis pour personne.

SCÈNE VII.

NAPOLÉON , seul.

Sortant à contre-cœur, la voix à faux résonne :
Toi, que devant la foule au mépris j'ai voué,
Mallet, j'étais du mien tout bas désavoué.

J'admire ton audace, et ma fierté s'irrite
Du succès que me donne un hasard sans mérite.
Ainsi, sans le savoir, le jouet du destin,
Pendant qu'à l'ennemi moi-même un beau matin
Je prends sa capitale, on m'enlève la mienne...
Comment encore ici se fait-il que je tienne ?
A quitter cette ville, il faut pourtant songer.
D'une paix qui me flatte, espoir trop mensonger !
Malgré moi je m'y livre, et mon œil interroge
Chaque pas que le temps marque sur cette horloge.
Insensé ! je ressemble au voyageur ravi
Sur le sommet d'un mont qu'il a long-temps gravi :
Étonné de s'y voir suspendu sur l'abîme,
Sa main cherche où se prendre et s'attache à la cime...
       (Il écoute.)
On dispute à ma porte... on prétend la forcer...
C'est Murat... Son retour, ô Ciel ! m'y fait penser.
Il veille à l'avant-garde ; et, pour m'être rendue,
Par lui devait passer la réponse attendue.
Sans cela, quel motif l'amènerait ici ?
Quoi qu'il en soit, enfin, je vais être éclairci.
                              (Il ouvre la porte.)

SCÈNE VIII.

NAPOLÉON, MURAT, (Il entre en désordre.)

NAPOLÉON.

Eh bien ! m'apportez-vous la paix ?

                    MURAT.

                              Foudre et tonnerre !

Vous apporter la paix ! dites plutôt la guerre.

NAPOLÉON.

Dois-je, à l'égarement dont vos traits sont empreints,
L'expliquer dans le sens d'un malheur que je crains ?
D'où sortez-vous ?

MURAT.

Sur eux je prendrai ma revanche,
Sans faire à leur exemple une guerre moins franche ;
Car contre une surprise on doit se récrier :
C'est agir en brigand, et non pas en guerrier.

NAPOLÉON.

Vous aurait-on surpris ?

MURAT.

Cette attaque furtive
Prouve que leur armée a repris l'offensive.
En masse, sur mon camp, ils sont venus tomber :
J'ai vengé ma défaite, avant d'y succomber.
Mais malgré mes efforts, l'avant-garde affaiblie
A dû céder au nombre, et sur vous se replie :
De nos positions leur feu nous a chassés.

NAPOLÉON.

Qu'entends-je ? et devant moi, monsieur, vous paraissez,
Vous qui, prêtant ailleurs une oreille charmée,
Sourd à tous mes avis, compromettez l'armée !
Quel honneur pour un chef d'aller en paladin,
En cherchant le renom, rencontrer le dédain !
C'est un prince français, qu'un fol orgueil entraîne
A remplir de son nom les tribus de l'Ukraine,
Poussant l'ambition d'un suffrage étranger
Jusqu'à l'oubli des siens qu'il devait protéger !

De vos adulateurs la sanglante ironie
Tournera justement à votre ignominie.
Mais le roi , dans Murat effaçant le guerrier,
A-t-il donc sur le trône oublié son métier?
L'ordre, qu'un militaire ou néglige ou transgresse ,
Appelle la rigueur d'une loi vengeresse,
Et lorsque tous vos soins vont à la mériter,
A quel titre, monsieur, dois-je vous l'éviter?
Allez, dans le transport de ma juste colère,
Il est heureux pour vous que vous soyez mon frère.

MURAT, à part avec confusion.

J'ai prévu son courroux : je venais le braver,
Et mes yeux sur les siens n'osent plus se lever.
(Haut.)
Sire, à leur trahison si j'avais dû m'attendre...

NAPOLÉON.

Point d'excuse, monsieur : je ne puis en entendre.
Vos devoirs étaient clairs, et mon ordre précis
N'a pas dû vous laisser un moment indécis

(Il va à la porte qu'il ouvre en appelant.)

SCÈNE IX.

LES PRÉCÉDENTS , LES GRANDS OFFICIERS.

NAPOLÉON.

Holà! venez, messieurs. L'ennemi se prononce,
Et résout son courage au parti qu'on m'annonce.

De soins conciliants en vain je m'occupais ;
Il répond par la guerre à mes offres de paix.
Le sort en est jeté ; retournons en arrière,
Mais pour prendre du champ et courir la carrière.
Peut-être dans Moscou résolus de rester,
Contre tous les efforts nous pourrions résister,
Et faire à la Russie, au sein de ces murailles,
Porter son ennemi dans ses propres entrailles.
Mais l'armée, immobile aux assauts des saisons,
Serait comme un vaisseau pris parmi les glaçons ;
Et la nécessité de maintenir l'Europe
Ne permet pas qu'ici l'hiver nous enveloppe.
Sur elle, si sa loi nous force à reculer,
La victoire au printemps va nous y rappeler.
Libre en son mouvement, la ligne, où je la porte,
Assure à notre attaque une assiette plus forte ;
Allez donc du départ répandre le signal.

(Une partie des officiers sort, et jusqu'à la fin de l'acte on
entend comme le bruit de troupes qui défilent.)

Voyons, n'oublions rien... Qu'on prenne à l'arsenal,
Avec les ornements de leurs pompes barbares,
Les drapeaux des tribus et des hordes tartares ;
Par le Russe autrefois sur ces peuples conquis,
Gages de leur triomphe, au mien ils sont acquis ;
Et parmi les faisceaux que le monde y contemple,
Bientôt nos vétérans les pendront dans leur temple...
Ah ! que l'on rende aussi, pour grossir leur trésor,
La grande tour d'Ivan veuve de sa croix d'or.

(Des aides de camp sortent. —A Murat, à demi-voix.)

Vous, si vous désirez guérir ma défiance,
Réparez les effets de votre imprévoyance.

MURAT s'incline. — A part, en se retirant.

Oh ! qu'avec mon armée à Naples transporté,

Ne puis-je en souverain dicter ma volonté!

> (L'empereur écrit un ordre qu'il cachette ; ensuite, pause pen-
> dant laquelle on entend à quelque distance la musique de
> l'infanterie , les trompettes de la cavalerie , et le bruit d'un
> train d'artillerie.)

NAPOLÉON, à un officier.

Cet ordre au maréchal de garde et de service :
Pour remplir son objet, qu'aussitôt il agisse.

> (L'officier sort. — Au grand-maréchal Duroc.)

Partez, grand-maréchal, et faites en mon nom
Prendre sur moi l'avance à toute ma maison.
Qu'on ne laisse pour moi qu'un cheval à la porte,
Avec cent cavaliers des guides pour escorte.

> (Congédiant tout le monde.)

Allez, que tout soit fait comme je l'ai prescrit :
Je veux, seul un moment, recueillir mon esprit.

SCÈNE X.

> Pause pendant laquelle le bruit extérieur s'éloigne de plus en plus.
> L'empereur s'approche de la fenêtre qui a vue sur Moscou.

NAPOLÉON, seul.

Adieu donc, ô Moscou ! cité dont la ruine
Du déclin de ma gloire a marqué l'origine!

Tes dômes en turbans et tes toits de métal
Ne rayonneront plus d'un luxe oriental ;
Le vol de l'incendie, en passant sur leur faîte,
N'a laissé, comme aux lieux foulés par une fête,
Que débris sous la cendre à demi dévorés,
D'un cadavre noirci restes défigurés :
Le silence partout remplit la solitude.

(Il tombe dans une rêverie toujours plus profonde.)

Du sort que je pressens, mystérieux prélude !
Si du moins je voyais, au front d'un ciel serein,
Resplendir en partant mon astre souverain !
On dirait que le globe, embrasé par la foudre,
Roule ardent dans l'espace, et prêt à se dissoudre :
Tandis qu'à l'horizon le ciel meurt effacé,
Et comme un noir linceul pèse morne et glacé.
Quel œil peut deviner, perçant ce voile sombre,
Les terribles secrets qu'il couvre sous son ombre ?
Mais d'où vient qu'à la place où je reste enchaîné,
Ce spectacle retient mon regard fasciné ?...
Que dis-je ? l'incendie est passé dans mon âme...
Son image à mes sens communique sa flamme...
Plus d'issue... en replis je le vois se rouler...
Il me presse... ces murs sur moi vont s'écrouler...
Eh bien donc ! sous Moscou que l'arrêt s'exécute...
Je puis mourir... la tombe est digne de ma chute...

(Il se laisse tomber sur un siége dans un état d'anéantis-
sement, dont il sort brusquement au bruit que fait la
porte en s'ouvrant.)

SCÈNE XI.

NAPOLÉON, NEY.

NAPOLÉON, se levant.

Où suis-je ? Maréchal, est-ce vous ?

NEY.

Oui, je vien...

Grand Dieu ! quelle pâleur !

NAPOLÉON, se remettant.

Achevez, ce n'est rien.

NEY.

Tout est prêt : hâtez-vous, Sire ; le temps nous gagne :
Nos derniers bataillons atteignent la campagne :
A peine si de loin on entend leurs tambours.;
D'autre part l'ennemi s'approche des faubourgs ;
L'armée en éclaireurs lance à la découverte
Ses hardis partisans dans la ville déserte,
Qui, suivant des détours trop bien connus par eux,
Ont rendu de Moscou le séjour dangereux :
Et leurs bandes, déjà de pillage altérées,
Jusqu'au pied du Kremlin se sont aventurées :
Quelques-uns dans nos mains sont restés prisonniers.

NAPOLÉON.

Un regard, un soupir, et ce sont les derniers !
Hélas ! pourquoi mes yeux ont-ils vu ce rivage?...

(Avec force.)

Mais quand je m'en éloigne après un court passage,
Que nul dans ce palais, ou conquérant ou roi,
Ne puisse se vanter de siéger après moi !

(Il sort.)

SCÈNE XII.

NEY, seul. Il suit des yeux l'empereur par la fenêtre.

L'Empereur à cheval prend par la porte Sainte...
Il touche du Kremlin la muraille d'enceinte...
Sitôt le seuil franchi, le signal doit partir...
Bon, voici le moment. Hâtons-nous de sortir.

(Il fait un signe au-dehors avec son chapeau, puis sort
précipitamment. Après une pause, on entend une déto-
nation terrible qui fait écrouler le devant du palais, et
laisse à découvert le tableau de l'incendie de Moscou; on
voit sortir, à travers les débris, des cosaques noirs qui se
forment en cercle et brandissent leur sabre en criant :
Hourra ! en signe de triomphe. La toile tombe.)

FIN DU SECOND ACTE.

ACTE TROISIÈME.

(DRESDE. — 1813.)

6

ACTE TROISIÈME.

CINQUIÈME TABLEAU.

L'Insurrection allemande en 1813.

La scène est dans la Haute-Silésie, aux avant-postes de l'armée prussienne, commandée par Blücher, et russe, commandée par Barclay de Tolly. — Le théâtre représente une campagne, avec un village au fond. Sur le devant est un bivouac formé par un bataillon d'étudiants des universités d'Allemagne.

SCÈNE Ire.

KŒRNER, DIÉTRICH, LUDOLF, HERMAN, FERSEN, WOLFGANG, ETC.

Les jeunes volontaires allemands vaquent aux premières occupations du réveil. — Kœrner, assis sous un arbre, médite et compose par intervalles.

HERMAN, avec humeur.

Maudit soit le poëte à qui, novice encore,
Sa muse a fait vanter les charmes de l'aurore !
Il n'avait pas senti les ailes d'un lutin
Sur sa joue aiguiser l'air piquant du matin ;
Ni sur le front d'un camp, debout en sentinelle,
Accusé la lenteur d'une nuit éternelle.

Que ce pâle soleil aux rayons languissants
A peine à s'échauffer pour dégourdir mes sens!

LUDOLF.

Vous l'entendez : Herman, tout au soin qui l'agite,
Sous l'abri du ciel nu, regrette un autre gîte;
Et, lassé des efforts qu'il lui faut déployer,
Rêve le doux repos et le coin du foyer.
Allons, songe à l'espoir qu'après tant de souffrance
L'Allemagne à nos bras devra sa délivrance.

HERMAN.

Oui, pourvu que l'effet ne vienne pas prouver
Qu'on préparait sa perte en croyant la sauver,
Et de tous ses vengeurs ne fasse pas des traîtres.
Craignez-vous, par hasard, qu'elle manque de maîtres?
Et dans le changement qu'ils auront opéré,
Qui sait si de nos soins elle nous saura gré?

FERSEN.

D'un avenir meilleur, puisqu'en vain on se berce,
Souffrons que des Français l'oppression s'exerce.

HERMAN.

Oh! d'accord, les Français sont les plus insensés :
Pour envier nos biens n'en ont-ils pas assez?
Quel démon les arrache à leur terre natale
Riche de tous les dons que l'univers étale?
Périsse avec l'orgueil la soif de dominer
Qui porte en sa fureur l'homme à s'exterminer !

DIÉTRICH.

Un seul des nations a troublé l'harmonie :
Et du monde agité la paix sera bannie
Tant que Napoléon sur son trône est debout.

HERMAN.

De cet homme jamais vous ne viendrez à bout.
N'avions-nous pas jugé sa perte irrévocable,
Quand celui qui traînait une armée innombrable
Soudain reparut seul, et dans notre stupeur
Nous laissa suspendus par le doute et la peur?
Dans sa source on croyait sa puissance tarie,
Lorsqu'il vint de la France une armée aguerrie,
Comme si, la frappant, du creux de ses sillons
Son pied eût fait jaillir de nouveaux bataillons.
Aux malheurs de Moscou mentant par la victoire,
En trois pas il reprit tout notre territoire.

LUDOLF.

Le métal le plus dur finit bien par s'user.
Aux lenteurs d'un congrès Prague a su l'amuser :
Nous avons les premiers, en ouvrant la campagne,
Éprouvé l'ascendant qui partout l'accompagne,
Et par notre défaite, en l'attirant sur nous,
Annoncé le réveil du lion en courroux :
Mais il revole à Dresde où l'Autriche entre en plaine,
Laissant Ney sur ce point nous tenir en haleine.
Revenus de l'effroi qui nous avait surpris,
La victoire achetée en aura plus de prix,
Si, moins heureux que lui, Ney nous la restitue.

HERMAN.

Non, jamais la partie avec lui n'est perdue :
Faites, imaginez, vous ne pourrez prévoir
Quel retour il ménage à votre désespoir.

FERSEN.

Mais où donc est Kœrner pour venir à notre aide,
Et ranimer la foi dans un cœur déjà tiède?

LUDOLF.

Eh! ne le vois-tu pas, seul, payant à l'écart
Aux Muses du matin le tribut de son art ?

DIÉTRICH.

Il vient ici.

KŒRNER, leur donnant la main.

Salut à vous, mes frères d'armes !
Qu'on retrouve avec joie au milieu des alarmes
Ceux qu'aux jeux de l'enfance on eut pour compagnons !
Il semble, à voir la route où nous les rejoignons,
Que des mêmes devoirs l'une à l'autre enchaînées,
Le Ciel veut jusqu'au bout mêler nos destinées.
Ce jour s'annonce heureux, puisse-t-il s'achever
Aussi riant pour tous qu'il semble se lever !

LUDOLF.

Il doit l'être pour nous, puisqu'il a fait éclore
Le chant dont vous avez salué son aurore.
Mais pour unir leur voix à ses refrains guerriers,
Souffrez que vos amis l'entendent.

KŒRNER.

Volontiers.
L'œuvre revient de droit à celui qui l'inspire :
Si ma Muse aux combats ceint l'épée et la lyre,
C'est de vous qu'elle a pris les armes qu'elle tient,
Et je vous rends à tous ce qui vous appartient.

(Ils forment un cercle dont Kœrner occupe le centre,
chacun la main appuyée sur l'épaule de son voisin en
signe de fraternité, et tendant l'autre en avant au retour du refrain.)

LE CHANT DE LA SAINTE-ALLIANCE.

KŒRNER, lisant.

En avant! c'est le cri des braves,
C'est le cri du monde opprimé,
Qui pour combattre s'est armé
Avec le fer de ses entraves.
En marche! partons du Levant.

TOUS.

En avant! toujours en avant!

KŒRNER.

En tête de la Germanie,
Debout les premiers sur le Rhin,
Levez-vous, peuple riverain,
Hesse, Bavière et Franconie.
En marche! partons du Levant.

TOUS.

En avant! toujours en avant!

KŒRNER.

Vous, que chaque aile vous rallie,
Frisons, Danois, Hanovriens :
Vous, fédérés helvétiens,
Et vous peuples de l'Italie.
En marche! partons du Levant.

TOUS.

En avant! toujours en avant!

88 —

KŒRNER.

Au centre, en colonne épaissie,
Prusse, Autriche, formez vos rangs :
A la réserve et sur les flancs,
Suède, Pologne et Russie !
En marche ! partons du Levant.

TOUS.

En avant ! toujours en avant !

KŒRNER.

Et ce cri sorti de la Saxe,
Mille échos vont l'y renvoyer ;
Comme un rayon tend au foyer
Et comme la roue à son axe.
En marche ! partons du Levant.

TOUS.

En avant ! toujours en avant !

KŒRNER.

Nations, rassemblez-vous toutes,
Des monts, des plaines, des déserts ;
Par les continents, par les mers,
Arrivez-nous de mille routes.
En marche ! partons du Levant.

TOUS.

En avant ! toujours en avant !

KŒRNER.

Au choc de vos vagues altières,
La France oppose ses remparts :

Pour y fondre,. de toutes parts
Accourez battre ses frontières.
En marche! partons du Levant.

TOUS.

En avant! toujours en avant!

WOLFGANG, avec une exaltation fanatique.

Oui, sur ses bords déserts, en voyant leur silence,
Qu'un jour le voyageur dise : Il fut une France!

KŒRNER, allant à lui avec indignation.

Apprends quel vœu ta bouche a formé sans horreur,
Inspiré par l'ivresse au sauvage en fureur.
Ravir la France au monde en sa course future,
C'est ôter le soleil du sein de la nature!
C'est vouloir à l'année enlever le printemps,
Au navire sa voile, et ses ailes au Temps!
Ah! lorsque déployant sa jeunesse héroïque
Retrempée aux vertus du caractère antique,
La France a prétendu rendre à l'humanité
Sa libre indépendance avec sa dignité;
Nos cœurs à ses succès, dont ils étaient complices,
Agités par l'espoir battaient avec délices;
Mais lorsqu'aux mains d'un maître elle vint se livrer,
Pour asservir le monde au lieu de l'éclairer;
A la voir pour le glaive abdiquer la parole,
Nous avons rejeté le culte avec l'idole.
Instruits par ses leçons, que la France à son tour
A son point de départ nous doive son retour;
Car si sa liberté doit briser notre chaîne,
Armé pour l'affranchir, je la combats sans haine.

FERSEN, ironiquement.

Vous l'entendez, messieurs : de ses premiers amours
En dépit de lui-même, un cœur se sent toujours.

KŒRNER, comme frappé d'un coup électrique et tombant dans une
sombre rêverie.

Ah! cruel, qu'as-tu dit?...

LUDOLF, à Fersen.

Vois, ta bouche indiscrète
En lui vient de rouvrir sa blessure secrète.

FERSEN.

Oh! pardon...

DIÉTRICH, s'interposant.

Laissez-nous, la douleur a besoin
De pouvoir librement s'épancher sans témoin.

LUDOLF, emmenant ses camarades.

Allons multiplier son chant par nos copies;
Qu'il serve à réveiller les âmes assoupies,
Et, grace à ces accents devenus familiers,
De nouveaux défenseurs nous viendront par milliers.

SCÈNE II.

KŒRNER, DIÉTRICH.

DIÉTRICH.

Quoi! ce cœur affermi contre toute autre atteinte,
Succombe au souvenir d'une existence éteinte!

Ces temps sont loin de nous : sors de l'illusion
Qui toujours sous tes yeux remet leur vision.

KŒRNER , avec égarement.

Illusion ! dis-tu ?... Pourtant je l'ai revue
Telle qu'entre mes bras, dans une heure imprévue,
La vie à son matin pour elle s'achevait ;
Et moi, la contemplant penché sur son chevet,
Je voyais ses couleurs, en flamme qui se joue,
S'éteindre et tout à coup renaître sur sa joue :
De ces traits adorés l'immobile pâleur
Enfin sans espérance a laissé la douleur !

DIÉTRICH.

Claire, morte à tes yeux, vit dans ta fantaisie ;
Mais, au lieu de l'erreur dont ton âme est saisie,
Songe au nouvel amour par qui tu lui survis,
Que l'Allemagne attend du plus grand de ses fils,
Et dont tu t'inspirais dans ce chant prophétique
Qui fait aux nations un appel sympathique.

KŒRNER , revenant à lui.

Où m'étais-je égaré? Pardonne... quel appui
Cherches-tu dans un cœur si peu maître de lui,
Puisqu'il suffit qu'un mot réveille cette image,
Pour troubler ma raison et vaincre mon courage ?

DIÉTRICH.

Ne te reproche pas cet oubli d'un instant,
Et par lui reviens-nous plus ferme et plus constant.

KŒRNER , avec exaltation.

Oui, car c'est là l'espoir que mon cœur se propose ;
Qu'armé pour ma patrie, en défendant sa cause,

Mon sort soit de mourir, non pas dans l'âge mûr
Qui marche au sacrifice avec un pas moins sûr,
Mais le front couronné des roses de la vie.
Quand toute illusion n'est pas encor ravie,
Qu'au souffle desséchant qui vient la profaner
L'âme n'a pas senti ses vertus se faner,
Qu'avec joie on s'immole à ce qu'on a pu croire!

DIÉTRICH.

Vis, pour voir le triomphe et jouir de sa gloire :
Mais, ami, fais rentrer le calme dans ton sein,
Car en foule on accourt du village voisin.

SCÈNE III.

LES PRÉCÉDENTS, LUDOLF, FERSEN, HERMAN, LE
BAILLI DE MULLER, BOURGEOIS, PAYSANS, HOMMES ET
FEMMES.

LUDOLF.

Plaçons-nous sous cet arbre, et que ce vieil érable
Prête à notre concours son ombre vénérable.

(Sous un arbre, au fond de la scène, on place une table à
laquelle s'assied un secrétaire avec un registre. L'assemblée se forme en cercle, les volontaires occupant le
devant du théâtre.)

LE BAILLI, gravement.

Nous, bailli de Müller, de nos clercs assisté,

Nous venons satisfaire un vœu manifesté.
L'ennemi nous laissant libres par sa retraite
De suivre de nos cœurs l'impulsion secrète :
Afin que tout conspire à l'œuvre où nous aidons,
Les uns par nos efforts, les autres par nos dons ;
Et qu'en les signalant le nombre s'en accroisse ;
Nous tiendrons un registre ouvert dans la paroisse :
Parlez, et les présents qu'on aura désignés,
Pour l'exemple de tous, y seront consignés.

(Il s'a sied. — Mouvement général.)

VOIX CONFUSES.

Moi ! moi ! moi !

DIÉTRICH, les faisant ranger avec autorité.

Procédons, amis, sans turbulence :
Que dans votre concours le calme du silence,
A l'accomplissement d'un devoir éternel
Imprime un caractère auguste et solennel.

(Ils forment un cercle. — Au milieu s'avance un laboureur.)

UN PAYSAN.

Moi, Pierre Wolf, ici, devant témoins, je cède
Quatre bœufs de labour, les seuls que je possède.
A la guerre, sur pied, d'avance nous laissons
La peine et l'embarras de faire nos moissons :
Plus tard, si nous vivons, et la paix reparue,
On saura s'atteler soi-même à la charrue.

(Il se retire.)

UNE FEMME.

Voici tous mes joyaux, mes boucles, mon collier.
J'avais bien un scrupule en mon particulier,
Mais on peut, sans manquer à la foi conjugale,
Donner pour son pays sa bague nuptiale.

(Elle se retire.)

— 94 —

UN BOURGEOIS.

J'en ai fait un essai pour être plus certain,
On mange avec plaisir dans le bois et l'étain :
Tenez, défaites-moi de mon argenterie.

UN JUIF, d'une voix cassée.

Mettez quatre florins pour le juif Zacharie.

RUMEUR.

Oh!

LE BAILLI, se levant.

Le mérite acquis au présent, quel qu'il soit,
Interdit le murmure à celui qui reçoit.

FERSEN, en riant à ses camarades.

Voyez, le maudit Juif, il a craint les remarques
S'il ne prouvait son zèle, en montrant quelques marques;
Mais sur son naturel il n'a pu l'emporter,
Et s'attire l'éclat qu'il voulait éviter.
Donner quatre florins, lorsque, grâce à l'usure,
Chez lui l'or à son gré par boisseaux se mesure!

(Le Juif sort du groupe, où chacun le heurte en passant.)

LE JUIF, à part.

Allez donc maintenant vous saigner aux deux bras,
Vous arracher le cœur, le tout pour des ingrats!

DIÉTRICH, l'arrêtant au passage.

Ainsi, Juif, étranger à vos tribus errantes,
Ce pays n'est qu'un sol pour y planter vos tentes!
Dans le même naufrage exposés à périr,
Sauve au moins les trésors qu'il t'a fait acquérir,

Et, craignant pour eux seuls une épargne funeste,
Donne une faible part pour conserver le reste ;
Quand nous, nous engageons notre vie au marché,
Et qu'à la mort pour toi d'autres auront marché.

LE JUIF.

Des richesses, à moi ! quelle erreur est la vôtre ?
Messieurs, n'en croyez rien, on me prend pour un autre :
C'est un bruit qu'à dessein sèment les envieux.
Loin d'être riche, hélas ! dans un âge aussi vieux,
Par des emprunts forcés conduit à ma ruine,
Les Français pour seul bien m'ont laissé la famine.

DIÉTRICH.

Tu mens : sans le vouloir tu viens de retracer
Les gains que tes désirs n'ont pas craint d'amasser.
Vampires, à l'instinct des bandes affamées
Des voraces vautours qui suivent les armées,
Glanant après la mort, partout vous paraissez
Pour aggraver les maux dont vous vous engraissez :
Du vaincu, quel qu'il soit, achetant la dépouille,
Sans demander quel sang la ternit et la souille !
Va, Juif, garde ton or trop digne de rebut,
La cause du pays rejette ton tribut.
Sors donc, il ne veut rien de l'homme qu'il renie.

LE JUIF, en s'en allant.

Injustice, messieurs, propos et calomnie !
(Pendant cet épisode, les paysans entourent la table de plus près :
une jeune fille paraît embarrassée de ne pouvoir pénétrer.)

LUDOLF.

Où va la jeune Ida, qui, rôdant à l'entour,
Voudrait percer la foule et n'y trouve aucun jour ?

FERSEN, à la jeune fille.

C'est au riche à donner. Pauvre et dans l'innocence,
Jeune fille, à quoi bon montrer là ta présence?

LA JEUNE FILLE.

Mon Dieu, c'est de ma part de la témérité :
Moi, fille sans parents, que dans sa charité
Le pasteur du village en naissant a reçue !
De tout mon dénûment je me suis aperçue,
Le jour où dans mon cœur le désir est entré
Qu'à sauver mon pays un don fût consacré.
Tantôt, pour l'affranchir de la guerre étrangère,
Je brûlais d'imiter l'héroïque bergère,
Jeanne-d'Arc, qui rêvait, aux champs de Vaucouleurs,
Le casque et le cimier aux flottantes couleurs;
Mais au milieu d'un camp une fille modeste
Ne va pas s'exposer sans une voix céleste.
Entre les seuls moyens que j'eusse à consulter,
Aux moins ambitieux il fallut m'arrêter.
A l'heure où devant Dieu je prie et m'agenouille,
Je fis vœu d'employer le lin de ma quenouille :
Mais avant d'en former un présent assez beau,
Mes doigts seraient usés à tourner le fuseau;
Quand l'ardeur de suffire à cette œuvre si grande
M'inspira d'y vouer une plus digne offrande.
Souvent on me l'a dit, je possède un trésor
Que le goût à la ville estime au prix de l'or;
Ma chevelure au nœud qui la tient prisonnière,
D'un voile, en échappant, me couvre tout entière.
La dame du château, jalouse de me voir,
Un jour m'en fit offrit cent florins pour l'avoir.
J'ai toujours refusé : moi, disais-je en moi-même,
Enlever à mon front son riche diadème,
L'ornement dont Dieu même a paré ma pudeur,
Comme la fleur des champs attire sa grandeur !

Mais par un abandon que l'emploi justifie,
Aujourd'hui je l'apporte et je la sacrifie.

KŒRNER, devenu attentif aux paroles de la jeune fille.

O généreux enfant, dont la simplicité
Atteint, sans le savoir, à la sublimité,
Dans un pieux respect souffre que je m'incline,
Et couvre d'un baiser la main de l'orpheline.
Ah ! lorsqu'au fond du cœur, de l'un de ses attraits
La femme se sépare avec quelques regrets,
Ce touchant sacrifice a droit à notre hommage.
Par mille autres faveurs l'homme se dédommage,
Et, prodigue pour lui d'appâts toujours nouveaux,
La gloire le soutient au milieu des travaux.
Mais la femme, bornée aux devoirs domestiques,
Attend de la beauté ses délices pudiques ;
Quel dévoûment plus sûr au sien peut comparer
L'effort qui de sa part renonce à s'en parer ?
Ouvrez-vous : de l'autel qu'elle approche sans faste,
Pour déposer le don d'une vertu si chaste.

SCÈNE IV.

LES Précédents, WOLFGANG.

WOLFGANG, accourant.

Sous l'uniforme russe on voit deux officiers,
Du quartier général venir vers nos quartiers :

Dans l'un j'ai reconnu l'empereur Alexandre :
Rendons-lui les honneurs qu'il a droit de prétendre ;
Tandis qu'à son abord le tambour bat au champ,
Sous les armes pour lui qu'il trouve notre camp.

(Pendant qu'il parle, le fond de la scène est devenu vide.)

KŒRNER.

Arrêtez : quel qu'il soit, l'étranger n'est qu'un homme ;
S'il vient en empereur, qu'il parle et qu'il se nomme ;
Peut-être a-t-il dessein de passer inconnu,
Mais à lui rendre hommage ici nul n'est tenu.

HERMAN.

Il vient !

KŒRNER.

A d'autres soins occupons-nous ensemble.

SCÈNE V.

LES PRÉCÉDENTS, ALEXANDRE, BARCLAI DE TOLLY.

ALEXANDRE, à Barclai.

Qui sont les jeunes gens que ce poste rassemble ?

BARCLAI.

Un de ces bataillons d'écoliers recrutés,

Ravis de fuir les bancs des universités ;
Avec leurs professeurs, qui sur l'art militaire
Dissertent gravement, se croyant dans leur chaire ;
Et sur ce nouveau texte heureux d'improviser,
Des Grecs dans tous leurs pas veulent s'autoriser.
En Macédonien imitant la phalange,
L'un d'eux s'est plaint à moi de cet usage étrange
Qui partout substitue, au rebours du progrès,
Le fusil à la lance et les balles aux traits.
Kœrner est avec eux, un Tyrtée au front pâle,
Dont on vante la muse à l'accent libre et mâle.

ALEXANDRE.

Abordons-les. — Messieurs, dans le dernier combat
J'ai vu vos actions paraître avec éclat.
Elles prouvent combien l'esprit par sa culture
Ajoute aux qualités qu'il tient de la nature ;
Et devant le péril votre jeune valeur
Sait atteindre au sang-froid sans perdre sa chaleur.
Content de vos efforts qu'en témoin j'apprécie,
J'aime à les reconnaître et vous en remercie.

KŒRNER.

Leur objet envers nous dispensait d'acquitter
L'éloge qu'ils n'ont point prétendu mériter !
L'Allemagne a versé son sang pour elle seule.
Comme un essaim de fils prêts d'une antique aïeule
A soutenir la cause, ici chacun défend
Le toit et le berceau qui le reçut enfant.

ALEXANDRE.

Cette cause est la nôtre, et par nous embrassée,
Nous a tous réunis dans la même pensée.

KŒRNER.

Je l'ignore, et Dieu seul voit le cœur de chacun :

Notre haine est d'accord sur l'ennemi commun ;
Mais souvent du succès la rupture s'engendre,
Et l'on arrive au terme en cessant de s'entendre.
L'Allemagne à ses fils inspira ce dessein,
Repousser, quel qu'il soit, l'étranger de son sein,
Et lui restituer ses bornes reconquises,
Avec ses vieilles mœurs et ses libres franchises :
L'homme trouva ses droits au fond de ses forêts;
Doit-elle pour les siens en rester aux regrets ?
Non, que son beau passé refleurisse, et nous rende
Les nefs, les cloîtres saints vantés par la légende;
Le donjon féodal ceint de ses créneaux noirs :
A la cime des rocs les gothiques manoirs,
Leurs salles où la chasse a pendu ses trophées ;
Les cavernes, les bois habités par les fées ;
Et la foi qui pour elle avait peuplé les cieux
D'êtres au souvenir terrible ou gracieux !
Puisse-t-elle à s'ouvrir une plus large vie,
Perdre l'isolement qui la laisse asservie,
Et liant en faisceau chaque état divisé,
Réunir les tronçons de ce serpent brisé :
Pour présenter un front dont l'aspect intimide
L'ennemi découvert et l'allié perfide !
L'orage dont la France amassa le courroux,
Nous jeta dans vos rangs pour marcher avec vous ;
De l'Europe aujourd'hui nous formons l'avant-garde ;
Mais si sous les couleurs dont la ruse se farde,
Du triomphe, égaré de son but apparent,
Sortait pour notre perte un nouveau conquérant ;
Alors contre le corps la tête retournée,
Remonterait la route à peine sillonnée :
Et pour point de départ prenant les bords du Rhin,
A la France, à son tour, montrerait le chemin.

ALEXANDRE.

Jeune homme, y pensez-vous ?... Mais après tout j'excuse

L'élan irréfléchi du soupçon qui m'accuse.
L'homme à qui je succède ici me rend suspect ;
Il osa de vos droits se jouer sans respect :
Mais l'exemple est bien vain, si jamais je néglige
L'avis qui m'est donné dans le sort qui l'afflige :
Et le doute en faisant regretter son excès,
Peut troubler un accord nécessaire au succès.
J'ai vu l'invasion, de cent peuples grossie,
Menacer d'engloutir mon trône et la Russie ;
J'ai vu bientôt après ses flots se retirer,
Ou perdus dans le sable, y venir expirer :
Ce revers inouï montre au plus intrépide
Combien l'abîme est proche et la chute rapide ;
Instruit par sa fortune à craindre mon bonheur,
Du triomphe à Dieu seul je rapporte l'honneur.

KŒRNER.

Qu'en ce sage conseil votre cœur persévère,
Et l'histoire pour vous ne sera point sévère :
L'amour des Allemands vous sera réservé...

HERMAN, entrant.

Ton tour de faction, Kœrner, est arrivé.

KŒRNER. (Il va prendre son fusil , après avoir fait un salut
militaire à l'Empereur.

J'y vais... vous permettez.

SCÈNE VI.

ALEXANDRE, BARCLAI.

BARCLAI.

Eh bien ! à ce langage
Voyez dans quel péril l'avenir vous engage :
Mais en le prévoyant, soigneux de l'éviter,
Avec Napoléon hâtez-vous de traiter ;
Et dans votre intérêt décidez sans attendre,
Le parti qu'entre vous l'Autriche pourra prendre.

ALEXANDRE.

Des revers de Moscou, moi perdre tout le fruit,
Et lui rendre sur nous son ascendant détruit !

BARCLAI.

En bornant notre attaque aux moyens ordinaires,
C'est peu, pour l'ébranler, des masses mercenaires,
Si les peuples armés n'y joignent leur secours.
Vous savez à quel prix s'achète leur concours.
Suivrez-vous, en flattant l'espoir qui les conseille,
L'esprit de liberté qui partout se réveille,
Ou, quand Napoléon eut peine à l'étouffer,
Du monstre déchaîné croyez-vous triompher ?

ALEXANDRE.

Nous pourrons sans effort l'apprendre de lui-même :
En effet détrônons l'homme, non le système.
L'Europe, dont l'état doit se perpétuer,
A mon joug comme au sien saura s'habituer.

BARCLAI.

La France pour soutien lui prêtait ses ressources,
De génie et de force intarissables sources,
Et pour arme l'esprit, qui, malgré les clameurs,
La rend, sans conquérir, puissante par les mœurs.
Fuyons d'un sol brûlant les dangereux rivages,
Et de sa liberté laissons-lui les orages.
L'Orient s'ouvre à nous : la Russie a sur lui
L'ascendant que la France a sur nous aujourd'hui.

ALEXANDRE.

Chargé des pleins pouvoirs de l'aristocratie,
Je ne puis abdiquer cette suprématie,
Qui, pour me rendre mieux l'arbitre de leurs droits,
M'établit le vengeur des peuples et des rois.
Trop de raisons, Barclai, doivent me l'interdire.

BARCLAI:

S'il est ainsi, ma voix cesse d'y contredire.
Koutousoff, en mourant, me fait-il succéder
Au titre qu'avant lui j'aurais dû posséder ?
Par là, quand notre armée est commise avec d'autres,
L'avantage du rang réclamé pour les nôtres,
Me donnerait le droit de régler leur concert.

ALEXANDRE.

Non, non, mieux que l'orgueil l'humilité nous sert :
Et plus Napoléon irrita par son faste,

Plus je dois avec lui ménager le contraste.
Déjà l'Europe en moi voit un libérateur
Que l'attrait du succès change en usurpateur.
Un pouvoir trop récent pour n'en pas tenir compte,
Flatte l'opinion que plus tard il affronte.
Pour chef à mes soldats donnant un étranger,
Sous Blücher au besoin je prétends les ranger.

BARCLAI.

Quoi ! Blücher ! dont Bautzen livre à notre risée
La bravoure ignorante à bon droit méprisée !
Du rang qui nous est dû, nous serions rejetés,
Nous, les premiers soutiens de la guerre !...

ALEXANDRE, distrait.

Écoutez,
L'air retentit du bruit d'une sourde décharge.

BARCLAI.

C'est quelque engagement que l'on entend au large.

ALEXANDRE.

En politique enfin le cœur ne fait pas loi,
Aux intérêts jaloux j'accorde cet emploi :
Car dans une entreprise où ma cause s'efface,
Je dois me résigner à la seconde place.
Par là trouvant chacun plus près de consentir
A des prétentions qui se font moins sentir,
Sur mes desseins secrets je leur donne le change...
Mais il se passe ici quelque chose d'étrange.

BARCLAI, regardant d'un côté.

On amène blessé l'un de ces étourdis.
Eh ! c'est notre jeune homme aux propos si hardis.

SCÈNE VII.

Les Précédents, KŒRNER, porté par ses camarades, puis
DIÉTRICH.

ALEXANDRE.

D'où vient donc l'accident de votre camarade ?

LUDOLF.

Contre des tirailleurs, au loin battant l'estrade,
Nous marchions, quand soudain la balle d'un mousquet
Vint l'atteindre au hasard du bois qui les masquait.

DIÉTRICH, l'air accablé.

Qu'a-t-on fait de Kœrner? dites, que je m'assure
S'il vit, ou si la mort a suivi sa blessure.

(Ses camarades le lui montrent.)

O Ciel ! ce bruit fatal ne m'avait pas trompé :
Le voilà tout sanglant du coup qui l'a frappé.

(Il se précipite à genoux près de lui.)

FERSEN.

Il se ranime !

KŒRNER, sortant d'un évanouissement.

Où suis-je ?... en des mains étrangères ?...
Mais non, j'ai reconnu des voix qui me sont chères ;
Et mes yeux dans l'effort qui vient de les rouvrir,
M'offrent avec les miens réunis pour mourir.

DIÉTRICH, avec désespoir.

Toi mourir ! et le Ciel par sa secrète envie,
Au refus de mes jours dispose de ta vie !

KŒRNER, avec douceur, puis enthousiasme.

Non, ne l'accuse pas dans le soin qu'il a pris,
Ma mort n'a pas besoin de larmes ni de cris.
Laisse-la jeune encor m'endormir sous son aile,
Comme l'enfant bercé par la voix maternelle,
Aujourd'hui qu'à mon poste elle vient me trouver,
Et, ma tâche finie, accourt m'en relever.
Heureux en succombant au fort de la mêlée
Le cœur à qui la gloire ainsi s'est révélée,
Où l'amour s'est éteint sans perdre sa chaleur
Et la fraîche espérance est morte dans sa fleur !
Il n'a pas vu, passant du triomphe à l'insulte,
Tomber de son autel l'idole de son culte ;
Ni senti, par degrés lui versant son poison,
Le fantôme du doute assiéger sa raison.
Nul regret du passé n'a voilé d'un nuage
Le calme radieux empreint sur son visage.

(Il tire un papier de sa poitrine.)

La Muse avant la mort, amis, m'a visité :
Un hymne à mon épée en était résulté,
Quand le plomb vint m'atteindre à la dernière ligne.
D'autres ne suivront plus ; c'était le chant du cygne.
Prenez : sur mon tombeau redites-en les vers,
Et que ce talisman vous garde des revers...

Adieu : je sens mon âme, à sa source rendue,
Remonter vers le ciel dont elle est descendue. .

(Il meurt.)

LUDOLF.

Il expire !

ALEXANDRE , à Barclai.

Sortons, car mon cœur sans regret
N'a pu voir une mort qui l'accuse en secret.

———

SIXIÉME TABLEAU.

La Sainte-Alliance et les Défections.

La scène est à Dresde, dans le palais des rois de Saxe.

SCENE Ire.

MURAT, STADION.

STADION.

Prince, j'avais reçu la promesse formelle
Qu'allié de l'Autriche, et près d'agir comme elle,
Le jour qui détruirait sa médiation
Verrait votre départ et sa défection.
L'Autriche avec éclat de vos rangs est sortie,
Et votre majesté n'est pas encor partie.

MURAT.

Au moment de franchir un pas si hasardeux,

Où le péril n'est point égal pour tous les deux,
Trouvez bon que j'exige, en risquant ma fortune,
Qu'au moins l'occasion me paraisse opportune.

STADION.

L'à-propos d'un service en double la valeur.
Vous-même, en rattachant votre cause à la leur,
Prêtez aux alliés une haute assistance,
Qui peut par un retard perdre son importance ;
Que le sort des combats pour nous vienne à changer,
Son poids dans la balance en sera plus léger.

MURAT.

Quoi ! déjà du succès vous nourrissez l'attente,
Si près d'une défaite encore palpitante !

STADION.

Votre esprit, je le vois, ne saurait s'accorder
Avec Napoléon réduit à nous céder !
La croyance en son nom, la foi dans son génie,
N'est pas un culte vain qu'en un jour on renie.
Si sa force est entière, elle est frappée au cœur :
Et quand de vingt combats il sortirait vainqueur,
Il verra se dresser cette hydre renaissante,
Pour fatiguer son bras d'une lutte incessante.
Croyez-moi : car, au fond, cet avis m'est dicté
Par le vœu du maintien de votre royauté,
Si vous ne voulez pas que le flot vous emporte,
Hâtez-vous : au salut il n'est plus qu'une porte.

MURAT.

Quoique votre empereur se déclare aujourd'hui
L'ennemi de son sang par haine contre lui,
Permet-il un complot, qui, frappant sa famille,
Pour détrôner l'époux doit dépouiller la fille ?

STADION.

Une fausse pensée entretient votre erreur :
Oui, si l'on consultait le vœu de l'empereur,
J'admettrais que, sensible aux malheurs de son gendre,
La voix de la nature à lui se fît entendre.
Mais à la cour d'Autriche, un prince est asservi
Aux volontés de ceux dont il semble servi.
Napoléon blessa l'orgueil de notre caste :
Le monde pour nous deux n'était plus assez vaste.
C'est son renversement que nous avons juré :
Notre règne avec lui n'est jamais assuré.
Ou souffrez qu'en tombant sa chute vous entraîne,
Ou venez augmenter la ligue souveraine,
En rompant le lien qui vous rend le vassal
Et le premier sujet d'un trône colossal.

MURAT.

A mon éloignement je crains qu'il ne s'oppose,
Et ne crois pas vouloir qu'un éclat l'indispose :
Mais on ouvre : je sors pour paraître plus tard :
Attentif aux moyens d'assurer mon départ,
Je prendrai le moment pour qu'il me congédie.

SCÈNE II.

STADION, seul.

Allons, avec l'adresse à tout on remédie.
Sous l'armure céleste empruntée aux hivers,

La Russie à la France a pris par un revers
Ce prestige puissant qui séduit et menace,
Et rangé tous les cœurs du parti de l'audace.
La Prusse dans ses bras se jette avec ferveur :
Arrivant la dernière avec moins de faveur,
Quelque prétention qu'elle aurait alléguée,
L'Autriche au second plan se trouvait reléguée ;
Elle n'eût fait ainsi que changer de rival :
Hé bien ! pour balancer ce partage inégal,
Qu'elle rallie à soi tout le corps germanique,
Et seule à ses cent bras donne une tête unique.
Si l'intrigue en secret travaille à détacher
Ses princes qu'à la France il fallait arracher,
Aux soupçons d'un rival ailleurs on fait entendre
Que je viens rapprocher le beau-père et le gendre.
La peur de ce retour le forçant de plier,
Son orgueil devant nous devra s'humilier...
Mais quelqu'un vient ici, qui lit sur les visages,
Et voit les cœurs ouverts aux plus secrètes pages.

SCÈNE III.

NAPOLÉON, BERTHIER, STADION.

NAPOLÉON, à Berthier.

Des deux divisions qu'un seul corps soit formé ;
Et quand de leur départ vous serez informé,
Afin que j'en dispose envoyez-moi Vandame.
(Berthier sort.)

STADION, à part.

Par où dois-je aborder l'objet que je réclame?

NAPOLÉON, venant au comte.

Monsieur de Stadion, vous avez demandé
Un accès près de moi qui vous est accordé.
Plus mon triomphe est grand, plus je me félicite
De voir qu'à son succès je dois votre visite.
Mais s'il faut entre nous s'expliquer sans détour,
Mieux eût valu pour vous décider ce retour
Avant une bataille où par toutes ses veines
Le sang de l'Allemagne a coulé dans ces plaines.

STADION.

Ce conflit malheureux par nous est regretté :
Le chef de notre armée a mal interprété
Le sens de ses pouvoirs, qui, dans votre présence,
Prescrivaient de rester en état de défense.

NAPOLÉON, ironiquement.

J'entends : d'après cet ordre il a dû supposer
Que hors de mon absence il pouvait tout oser ;
Et pour mettre à profit mon absence lointaine,
Il dirigea sur Dresde une attaque soudaine :
Pris à son propre piége, en m'attirant ici,
Vous le désavouez d'avoir mal réussi.

STADION

Non ; frappé doublement du coup qui vous sépare,
L'empereur en gémit et veut qu'il se répare :
Pour prouver son désir, il m'envoie en secret
Rétablir des rapports qu'il vit rompre à regret.

NAPOLÉON.

Que conclure, monsieur, d'un langage aussi vague?

Dresde nous rendra-t-il les scandales de Prague?
Quand son hostilité vient de se signaler,
L'Autriche après ce pas peut-elle reculer?
De votre cabinet soupçonnant l'imposture,
J'ai voulu prévenir l'éclat d'une rupture;
Mais toutes mes raisons n'ont pas pu prévaloir
Contre le sentiment de son mauvais vouloir.
Suis-je à tort défiant, dites, monsieur le comte?

STADION.

Des embarras du chef c'est tenir peu de compte :
Comme père et monarque, il se voit interdit
Le soin d'un intérêt qu'un autre contredit.
L'Autriche aux deux partis pour juge se propose,
Veut-on que sa parole avec fruit s'interpose?
Il faut que ses arrêts restent indépendants,
Et ne soient pas dictés par l'un des contendants.

NAPOLÉON.

Oui, lorsque d'un arbitre on prend le caractère,
L'intégrité du juge ajoute au ministère.
Mais, cachant l'ennemi sous le médiateur,
Que faites-vous? L'Autriche exige avec hauteur
Que par-delà le Rhin l'empire se replie,
Et repasse à rebours les monts de l'Italie.
Commencez par ranger dans leurs confins tracés
D'autres ambitions qui les ont dépassés;
Et la France, acceptant sa borne naturelle,
Prendra l'engagement de revenir sur elle.
Le monde européen m'appelle à l'ordonner :
En abdiquer l'emploi ce serait condamner
Ma gloire au suicide, et, par ce sacrifice,
De quinze ans de travaux renverser l'édifice.
Il restera debout, ou bien j'aurai vécu.
En offrant de traiter après avoir vaincu,
Vous ne prétendez pas qu'arrêtant mon armée,

8

Je me laisse ravir la victoire entamée ;
Mon ardeur pour la paix ne peut aller si loin ;
Et comme mon esprit se doit tout à ce soin,
Je m'occupe d'agir : mais le duc de Vicence
Pour s'entendre avec elle attend votre excellence.
Pendant cet entretien, loin de l'embarrasser,
Je cherche à vous donner raison de le presser.

STADION.

Sire, je vais m'y rendre, heureux de voir renaître
L'étroite intelligence entre vous et mon maître.

NAPOLÉON.

Après l'infraction que je veux oublier,
Où serait donc l'obstacle à nous concilier ?
Pour recueillir les fruits d'une amitié féconde,
Qu'abjurant tout détour l'Autriche me seconde :
Mon hymen dut laisser ses craintes sans objet :
A moins d'être insensé, quel serait mon projet ?
La détruire ? A deux fois je l'ai pu sans le faire.
Mais ce qu'on obtiendrait d'un accord volontaire,
De la contrainte seule on prétend l'obtenir.
Prenez garde : à mon tour je puis m'en souvenir ;
Et, ramenant à moi la fortune inconstante,
Rappeler les faux pas d'une marche flottante.
Comte, faites-le bien comprendre à votre cour.

STADION.

Je l'en instruirai, sire, à mon prochain retour :
Si quelque doute encor restait par habitude,
Ces mots seuls mettraient fin à toute incertitude.

SCÈNE IV.

NAPOLÉON.

Que dit-il? Sa pensée avait un sens couvert ;
Jamais un ennemi ne parle à cœur ouvert :
Dans la paix qu'il me jure, il ne voit qu'une trève :
Contraint d'en appeler au jugement du glaive,
Céder, c'est me livrer : chaque jour m'apprenant
Qu'il règne entre les rois un complot permanent.
Ces lieux l'attesteraient, témoins de leurs hommages,
Alors que mon soleil s'y levait sans nuages ;
Et tous de ce palais ont déserté le seuil
Depuis que de ma gloire il étale le deuil.
Mais je tiens ma réponse à leur ligue secrète,
La foudre les menace, invisible et muette ;
A mon tour je pourrai renvoyer les dédains
A ceux que mon malheur a rendus si hautains.

SCÈNE V.

NAPOLÉON, VANDAME.

VANDAME.

C'est votre majesté qui me mande auprès d'elle ?

NAPOLÉON.

Oui, je cherchais un homme intrépide et fidèle,

D'un courage éprouvé, d'un talent reconnu,
Et naturellement votre nom m'est venu.

VANDAME.

Mon cœur, d'un tel éloge accepte une partie.

NAPOLÉON.

Trêve sur ce sujet à toute repartie :
La grandeur de l'emploi qui vous est réservé
Semblait vouloir un chef d'un rang plus élevé.
Mais depuis certain temps, soit malheur, soit faiblesse,
Je vois s'exécuter mes plans avec mollesse ;
Toujours par quelque cause ils viennent à manquer.
La prudence au succès n'a rien à répliquer ;
Et chez vous la valeur souvent aventureuse,
Excuse ses écarts par une audace heureuse.
Pour laisser moins de prise à la fatalité,
Et d'ailleurs prévenir toute rivalité,
Voici mon plan formé dans l'ombre du mystère ;
A tous mes chefs de corps j'ai pris soin de le taire :
Deux hommes en auront le secret parmi nous,
L'un d'eux, ce sera moi, l'autre, ce sera vous.

VANDAME, avec joie.

Moi !

NAPOLÉON.

Vous, et par l'effet du coup que je médite,
Du monde entre nous deux c'est le sort qui s'agite !
Trois grands peuples, dont Dresde a vu l'agression
S'unir, pour m'accabler sous son oppression,
Vaincus, en divers sens poussés par la défaite,
Tendent à se rejoindre en couvrant leur retraite.
Le nombre, utile ailleurs, leur nuit, embarrassé
Sur un terrain fendu, de monts tout hérissé ;

Où, chassant devant moi ces flots que je refoule,
Un seul point peut ouvrir un passage à leur foule.
Pirna tient prêts pour vous vingt mille hommes : allez
Occuper Péterswalde avec ses défilés.
Seul, vous succomberiez au choc de cette masse;
Mais, prêt à l'écraser, je serai sur sa trace.

VANDAME, avec réflexion.

Et je n'irai pas là pour demeurer oisif;
A ce poste il s'agit de rester mort ou vif.
La résolution pour moi n'est pas nouvelle;
C'est l'instant, ou jamais, de s'y montrer fidèle :
Et tout m'y porterait, s'il n'était superflu
D'avoir, pour l'embrasser, une raison de plus.

NAPOLÉON.

Le succès accompli vous montre en espérance
L'épée et le bâton de maréchal de France;
Vous pouvez y compter.

VANDAME.

Ne me disiez-vous pas :
Nous agirons tous deux, marchant du même pas,
Et comme mon second, j'ai fait choix de Vandame?
Voilà l'ambition qui va seule à mon âme !
Près de celui du chef le nom du lieutenant
Dans l'histoire un seul jour s'inscrira maintenant.
Ma vie, à vous servir, tout entière employée,
Remportant cette gloire, en sera trop payée :
A d'autres moins heureux les titres, les cordons !

NAPOLÉON.

Bien, Vandame, je vois que nous nous entendons.
L'ardeur que vous montrez répond à ma pensée :

Dans cette instruction votre marche est tracée.
Partez.

(Il lui donne un pli.)

VANDAME.

C'est un brevet de victoire ou de mort.

SCÈNE VI.

NAPOLÉON , seul.

Sans s'être concertés nos cœurs étaient d'accord,
Et mon choix à Vandame avait rendu justice.
Eh bien ! frappons un coup dont l'éclat retentisse,
Qui, troublant l'union des nouveaux alliés,
Mette en mes mains l'Autriche et l'Europe à mes piés.
Il le faut, ou passant au parti qui la venge,
De complot avec eux, l'Allemagne s'y range.
L'heure approche, et l'armée a dû se préparer.
A tout malentendu d'avance il faut parer ;
Allons voir par moi-même, et dans cette entreprise,
Donnons tout au conseil, et rien à la surprise.

(Il va pour sortir et rencontre le roi de Naples.)

SCÈNE VII.

NAPOLÉON, MURAT.

NAPOLÉON.

Ah! c'est vous, roi de Naple.

MURAT.

Oui, sire, chaque jour
Me retient, malgré moi, séparé de ma cour.
A votre majesté j'ai déjà fait comprendre
Quel devoir important m'oblige de m'y rendre.
Daignez à ce départ donner votre agrément.

NAPOLÉON.

Vous, Murat, me quitter dans un pareil moment !
Quand l'armée, à la place où vous laissez un vide,
Va sentir doublement l'absence de son guide !
Dois-je, de votre part, le prendre au sérieux ?

MURAT.

Le soin qui m'y rappelle est trop impérieux.
Que votre majesté souffre ce sacrifice ;
Je pars dans l'intérêt de son propre service.
Je vais de ma présence et de tous mes efforts,
Seconder l'armement de mes nouveaux renforts,
Et repeupler les rangs d'une armée éclaircie
Par les coups de la guerre et l'hiver de Russie.

NAPOLÉON, avec sensibilité.

Eh bien ! mon frère, allez : prompt à nous revenir,
Hâtez du moins l'instant qui doit nous réunir.
Triste effet du malheur qui s'attache à nos traces !
Lorsqu'un ami s'éloigne au fort de nos disgraces,
Le cœur, dans l'avenir, tremblant de pénétrer,
Pour ne plus le revoir, craint de s'en séparer.
Quelque épreuve où le sort nous mette l'un et l'autre,
Vous comptez sur ma foi, comme moi sur la vôtre,
Vous, l'ami que la gloire avait su m'attacher,
Que par les nœuds du sang j'ai voulu m'approcher !
Aussi je vous choisis, (heureux de satisfaire
Aux exploits du héros en couronnant le frère),

Entre tous mes états Naple et sa royauté,
Comme une arme remise à votre loyauté.
Car si mon amitié prodigue de largesses,
Au mérite toujours mesurait les richesses,
Le malheur peut venir corrompre ses présents,
Et rendre ses liens chaque jour plus pesants.
C'est là que le vrai zèle est sûr de se produire.
Oh! que de mon étoile un regard daigne luire,
Et ma reconnaissance, en comptant vos travaux,
Voudra les égaler par des bienfaits nouveaux.
Mais à vos sentiments je fais trop violence;
Votre trouble à mon cœur parle par son silence :
Vous souffrez, je le vois ; abrégeons ces adieux ;
L'espoir d'un prompt retour nous consolera mieux.
Roi de Naple, au revoir.

(Murat demeure comme écrasé.)

SCÈNE VIII.

MURAT, seul.

O remords qui torture
L'âme où l'ambition étouffe la nature!
Vingt fois à ses genoux tenté de me jeter,
Un geste, un mot de plus, et j'allais éclater,
Et l'aveu de mon crime échappait à mes larmes.
Quand sa bonté me force à lui rendre les armes,
J'attendais, pour excuse à ma propre fureur,
Qu'un reproche entre nous eût laissé son aigreur!
Un doute injurieux me rendait mon audace,
Car l'orgueil vit encor, quand la vertu s'efface...
C'en est fait !... par ma fuite, au lieu de m'avilir,

Dans les rangs ennemis je cours m'ensevelir,
Et, couvert de leur sang, purger ma renommée
Du soupçon d'un accord qui l'aurait diffamée.
Vain désir! ce secret a plus d'un confident;
Son éclat sur les miens retombe en me perdant;
Et dans les mains d'un frère, otages de mon crime,
L'oubli de ses bienfaits après moi les opprime.
J'ai voulu m'en défendre en restant roi : mais non,
C'est une destinée attachée à ce nom,
Un vice que transmet la grandeur avec elle!
S'il m'eût laissé soldat, je lui serais fidèle;
Mais me donner un trône, avec lui tous les soins
Qui naissent de ce rang et de nouveaux besoins,
Les regrets dont sa perte à nos yeux s'environne!
Oh! qui m'arrachera du front cette couronne
Qui le brûle et l'étreint comme un cercle de fer
Rougi par les démons aux flammes de l'enfer!

SCÈNE IX.

MURAT, GAÉTAN.

GAÉTAN, accourant.

Sire...

MURAT, avec hauteur.

Que voulez-vous?

GAÉTAN.

Suite, écuyers et pages,

Tout est prêt : les chevaux sont mis aux équipages.
J'accours vous avertir.

MURAT, avec un calme forcé.

Vous êtes bien joyeux !
D'où naît l'empressement qu'on témoigne à mes yeux ?

GAÉTAN, familièrement.

Aux cœurs napolitains Naple ainsi se rappelle.
Pour les hommes ailleurs la patrie est moins belle ;
Mais par l'absence encore irritant les regrets,
Naple en nos souvenirs règne par mille attraits.
Naple, son beau Vésuve au loin roulant sa lave !
Les flots voluptueux de la mer qui la lave !
Qu'il est doux, et qu'il tarde à l'enfant du Midi,
Sous le ciel des Germains si long-temps engourdi,
De sentir son soleil ! Avec moins d'allégresse
Un amant bien épris retrouve sa maîtresse !

MURAT, avec une fureur concentrée.

Eh bien ! s'il est ainsi, j'ai le ravissement
De prononcer l'arrêt de ton bannissement.
Pour toi dorénavant Naple est impénétrable.

GAÉTAN, troublé.

Grand Dieu ! vous m'exilez...

MURAT, éclatant.

Silence, misérable !
Tremble qu'en ma fureur, arraché du fourreau,
Mon sabre impatient ne t'enlève au bourreau.
Fuis ! ne m'impose plus, en osant reparaître,
L'aspect d'un serviteur qui fait rougir son maître.

SCÈNE X.

GAÉTAN, seul.

O Ciel ! dans son esprit qui peut m'avoir perdu ?...
Je soupçonne d'où part ce trait inattendu :
Il vient de l'Empereur, car ils étaient ensemble,
Et dès qu'un entretien par hasard les rassemble,
Le roi sort mécontent des autres et de lui,
Et s'en prenant à moi, comme il fait aujourd'hui.
A l'auteur, quel qu'il soit, la haine que je jure,
Fera jusqu'au tyran remonter mon injure !
A quel autre imputer l'espoir qui m'est ravi,
Et le conseil fatal qui m'aura desservi ?
Me venger ! où m'emporte une rage inutile ?
L'aigle vole trop haut pour le dard du reptile.
Et pourtant quel démon prête pour me tenter
Tant de charme au désir que je veux écarter ?
L'impuissance m'arrête et non pas le scrupule...
Seul dans son cabinet ! Voyons, si je recule,
Désormais jusqu'ici je ne puis pénétrer,
Et je perds, en sortant, tout droit pour y rentrer.
Du stylet, du poison, que, dans sa prévoyance,
Pour servir au besoin, porte ma défiance,
Lequel dois-je employer ?... Voilà, sur ce plateau,
A l'usage du maître, un flacon rempli d'eau ;
L'Empereur, dans le feu d'un travail solitaire,
Ou distrait par ses soins, souvent se désaltère ;
Ce sucre et ce poison confondent leur couleur :
Adoptons ce moyen, à défaut d'un meilleur.

(Il mêle le poison avec le sucre.)

Je t'invoque, ô hasard ! par qui tout se consomme ;

Commande, et dans l'essor des peuples contre un homme,
Au tumulte croissant de l'Europe en émoi,
Le silence et la mort vont succéder par moi.
Au milieu du concours qui le rend invincible,
Ma vengeance l'atteint comme un glaive invisible ;
Et le ciel, qui des rois laissait vieillir l'affront,
Réserve à mon outrage un châtiment plus prompt.
On vient : en me voyant, le soupçon pourrait naître ;
Le jardin est désert, fuyons par la fenêtre.

SCÈNE XI.

NAPOLÉON, puis un Aide-de-Camp.

NAPOLÉON.

(Il entre, lisant un papier avec agitation, et lève la tête au bruit de la
retraite de Gaétan.)

Quelqu'un était ici !... Non, je me suis trompé :
Mon esprit est aux champs, tant ce coup l'a frappé.
Ardeur impatiente ! aveugle fantaisie !
Ney, qui dut contenir Blücher en Silésie,
Au lieu de l'éviter, rechercher un combat,
Et s'offrir de lui-même à Blücher qui le bat !
Et prendre pour cela le temps où sa déroute
D'un obstacle imprévu vient entraver ma route !
Est-il dit que, malgré mes soins contre un revers,
Où je ne serai pas, tout ira de travers ?
En tous lieux à la fois pourtant je ne puis être ;
Et sur l'Elbe à présent, forcé de reparaître,

Le choix, qui me prescrit d'aller au plus pressant,
Entre les deux partis devient embarrassant.
Mais Berthier à mon ordre est bien lent à se rendre.
Holà !

(L'aide-de-camp paraît.)

Cherchez, partout où l'on pourra le prendre,
Le prince de Wagram... quoi! vous ne partez pas?

L'AIDE-DE-CAMP, hésitant.

Tous vos aides-de-camp ont couru sur ses pas,
Partis l'un après l'autre, et seul à votre suite,
Je crains...

NAPOLÉON.

Allez, monsieur : vous reviendrez plus vite.
(L'aide-de-camp sort, l'Empereur s'assied à la table.)
Dans l'agitation mon sang s'est échauffé,
Et par le poids du jour je me sens étouffé.

(Il se verse un verre d'eau et y mêle du sucre.)
L'Autriche à ses détours dans sa marche prélude;
Son ministre, pressé sur les points qu'il élude,
Par des engagements hésite à se lier :
Mon départ ne doit pas me le faire oublier;
Que, surveillé de près, il n'ait pas la puissance
De s'éloigner d'ici sans prendre ma licence.

(Il avale le verre d'eau, et dit sans s'y arrêter.)
Quel goût âcre a cette eau!... Si je mesure au temps,
Vandame est à son poste, et compte les instants.
Fortune, à mes desseins c'est à toi de répondre :
N'as-tu pas pris assez le soin de me confondre?
Avec mes ennemis, moi près de composer,
Et d'accepter des lois au lieu d'en imposer!
Songe qu'une revanche est due à mon courage!
Sans Moscou, sans l'écueil trouvé sur mon passage,

Où le flot dans son cours ne m'eût-il pas porté !
Répare, en m'exauçant, tant d'espoir avorté !...
Mais Berthier ne vient pas, et je devrais moi-même,
Ailleurs, par ma présence, aider au stratagème.
Courons, ou son retard m'aura tout fait manquer...

(Il se lève et retombe sur son siége.

Ciel ! qu'est-ce que j'éprouve, et comment l'expliquer
Qui jette dans mon sein ce trouble et ce désordre ?...
Ah ! je sens par élans mes entrailles se tordre !...
Dans l'ardeur qui me brûle, un frisson me transit...
Mon souffle s'embarrasse... et mon œil s'obscurcit...
D'affreux déchirements ravagent ma poitrine...
Ma force m'abandonne au coup qui m'assassine...
Et personne à ma voix ne vient me secourir...
Quoi ! seul à me débattre, on me laisse mourir...

(Il s'évanouit.)

<h1 style="text-align:center">SCÈNE XII.</h1>

NAPOLÉON, BERTHIER, L'AIDE-DE-CAMP.

BERTHIER, en approchant de l'Empereur.

Que vois-je ? eh quoi ! la mort sur ses traits répandue !

(Lui prenant la main.)

Mais non, avec ses sens la vie est suspendue :
Je reste auprès de lui ; cherchez son médecin.

(L'aide-de-camp sort ; Berthier cherche à le faire revenir.)

Grâce au ciel, il renaît !

NAPOLÉON , avec effort.

Berthier... c'est vous, enfin...
Soutenez-moi... partons... vains efforts... je retombe...
Essayons de nouveau... c'en est trop... je succombe...

SCÈNE XIII.

Les Précédents, EUGÈNE, le Médecin, Officiers.

EUGÈNE, à genoux près de l'Empereur.

Quoi ! l'Empereur mourant ! Mon père, à vos genoux
Entendez votre fils...: Parlez; expliquez-nous
Comment ce mal?...

NAPOLÉON , avec peine.

J'ignore à quoi je l'attribue...
Peut-être du poison dans cette eau que j'ai bue...

EUGÈNE, se relevant avec indignation.

Vous l'entendez, messieurs : horreur et trahison !
Sur qui de l'attentat doit tomber le soupçon ?

LE MÉDECIN.

Pendant que nous parlons, le mal s'accroît et gagne.
Transportez l'Empereur sur son lit de campagne.

NAPOLÉON.

Arrêtez... non, avant... courez tous... ô douleurs...

Je ne puis m'expliquer... Vandame... je me meurs...

(Il s'évanouit.)

LE MÉDECIN.

Un secours lui rendra sa force presque éteinte.
Vite, attaquons le mal dans sa première atteinte.

(On emporte l'Empereur évanoui.)

SCÈNE XIV.

EUGÈNE , BERTHIER.

BERTHIER , le retenant.

Demeurez, prince Eugène : où voulez-vous aller?

EUGÈNE.

Auprès de l'Empereur. Pourquoi me rappeler?

BERTHIER.

Remettez-vous des soins que son état exige
Au zèle qui le sert, à l'art qui les dirige :
Ce devoir en appelle un autre aussi puissant.
L'Empereur en défaut, le roi de Naple absent,
Vous seul, chef de l'armée, en prenez la conduite.
Faut-il de l'ennemi suspendre la poursuite,
Ou marcher en avant? veuillez en ordonner.

EUGÈNE , indécis.

Je ne sais quel conseil je dois prendre ou donner,

Dans la confusion où me jettent mes craintes.

BERTHIER.

Un mot que j'ai saisi, m'a frappé dans ses plaintes;
Tourmenté d'un secret qu'il voulait révéler,
Il paraissait souffrir de ne pouvoir parler;
Et trahissant d'un mot l'angoisse de son ame,
Sa voix, avec effort, a désigné Vandame.

EUGÈNE.

Eh bien ! de son départ vous savez les raisons,
Vous, admis au secret de ses combinaisons.

BERTHIER.

Nullement : l'Empereur, affectant le mystère,
De quelque grand dessein l'a fait dépositaire :
Vandame, en le quittant, aussitôt retourna,
Muni d'instructions, vers le camp de Pirna :
Mais j'ignore à quel plan sa marche se rattache,
Le projet qu'elle indique, ou le but qu'elle cache.

EUGÈNE.

Ainsi, dans un faux pas risquant de s'engager,
On irait en aveugle au devant du danger.
L'erreur, en pareil cas, nous serait trop fatale.
Veillant sur sa personne, au palais je m'installe,
Pour parler en son nom toujours prêt à m'offrir :
Vous, du fait de Vandame allez vous enquérir;
De tous les maréchaux, sachez si d'aventure,
L'un d'eux n'a pas sur lui reçu quelque ouverture.

(Berthier sort.)

9

SCÈNE XV.

EUGÈNE, LE MÉDECIN.

EUGÈNE.

Eh bien ! dans quel état se trouve l'Empereur ?

LE MÉDECIN.

Il est sauvé !

EUGÈNE.

Ce mot calme enfin ma terreur.

LE MÉDECIN.

D'un poison violent mêlé dans son breuvage
Mes secours ont d'abord arrêté le ravage.
L'effort l'a délivré ; mais son ébranlement
A produit le repos qui suit l'épuisement.
L'Empereur est tombé dans une léthargie
Où ses sens reprendront toute leur énergie,
Si rien ne vient distraire et troubler son sommeil.

EUGÈNE.

Vous ne le quittez pas ?

LE MÉDECIN.

Non, j'attends son réveil.
Il rentre dans la chambre.)

SCÈNE XVI.

EUGÈNE, BERTHIER.

EUGÈNE.

Sur Vandame avez-vous recueilli quelque chose ?

BERTHIER.

Personne ne connaît le but qu'il se propose.
Dans la direction qu'il a prise en partant,
Un courrier doit bientôt l'atteindre en se hâtant.
L'armée a suspendu sa marche sans comprendre
Ce brusque changement qui paraît la surprendre.
Que devient l'Empereur ?

EUGÈNE.

Il est hors de danger.

BERTHIER.

Ah ! de quel poids mon cœur s'est senti soulager !
Sur sa vie, à présent, ma crainte rassurée,
De la grandeur du mal juge par sa durée.
Je frémis dans l'éclat qui me force à prévoir,
Du retentissement que ce coup peut avoir,
Entourés d'alliés prêts, aux moindres alarmes,
A tourner contre nous leur vengeance et leurs armes !

EUGÈNE.

Eh bien ! que la nouvelle étouffée en naissant,

Ne rencontre au dehors nul écho menaçant,
Courez. Si nous souffrons qu'un faux bruit l'exagère,
C'est offrir un prétexte à la haine étrangère.

BERTHIER.

Mais comment l'empêcher ? il eut tant de témoins.

EUGÈNE.

N'importe, à ses progrès opposons-nous du moins.
Que l'alarme partout n'arrive qu'affaiblie :
Laissez croire déjà sa santé rétablie
D'un mal peu dangereux, réprimé dans son cours,
Qui l'oblige au repos sans attaquer ses jours.

BERTHIER.

Je vous comprends : j'y cours.

(Il sort.)

SCÈNE XVII

EUGÈNE., seul.

Mon embarras s'augmente,
Entre la France et nous l'Allemagne fermente :
Le spectre de Moscou nous rend plus effrayant
Le danger d'un retour qu'on tente en se frayant :
Et mon bras qui du chef doit suppléer l'absence,
Pour tenir le pouvoir est frappé d'impuissance.
Trop faible, à d'autres mains sachons le résigner.

Murat, mal à propos, a pris pour s'éloigner
Le temps où sa présence est ici nécessaire.
Il faut que sur ses pas j'envoie un émissaire ;
Ecrivons-lui.

(Il se met à la table et écrit. — L'Empereur
entre sans bruit et appuyé sur le dos du siége, il
regarde ce qu'écrit Eugène.)

SCÈNE XVIII.

NAPOLÉON, EUGÈNE.

NAPOLÉON.

C'est bien.

EUGÈNE, se retournant.

Quoi ! l'Empereur levé !
Ah ! le ciel est pour nous puisqu'il vous a sauvé.

NAPOLÉON, souriant.

Je regardais comment ma place était remplie.

EUGÈNE, le voyant chanceler.

Vous souffrez, et trop tôt votre faiblesse oublie...

NAPOLÉON, s'asseyant.

Mon corps reçoit toujours la loi de mon esprit,
Et bout d'impatience enchaîné sur un lit.

Mais vole satisfaire au soin qui m'en arrache ;
Qu'une part de l'armée avec toi se détache.
S'il en est temps encor, sur Peterswalde cours
A Vandame en danger porter un prompt secours.
Son salut en dépend : eh bien, qu'il te le doive,
Et que de mon absence aucun ne s'aperçoive.

SCÈNE XIX.

Les Précédents, BERTHIER, grands Officiers.

BERTHIER, l'arrêtant au passage.

Restez, il est trop tard.

NAPOLÉON, se levant.

Ciel !

BERTHIER.

Partout investi,
Vandame avec son corps vient d'être anéanti.
Ailleurs trouvant la route ouverte et sans défense,
L'ennemi dans sa marche a pris sur lui l'avance.
En voyant occupé l'accès du défilé,
Moins brave ou plus prudent, un autre eût reculé.
Maîtresse des hauteurs, la triple armée épanche
De ses masses sur eux l'effroyable avalanche :
Ils ont, en combattant, péri jusqu'au dernier,
Et Vandame, dit-on, est mort ou prisonnier.

NAPOLÉON.

Il me l'avait promis ! Malheur irréparable !
Ainsi l'avait marqué le sort inexorable !...
Mais arrêtons l'effet d'un fatal contre-temps,
Au comte autrichien dites que je l'attends.

BERTHIER.

Sire, il a disparu, je venais vous l'apprendre.

NAPOLÉON, surpris.

Comment?

BERTHIER.

C'est un parti qu'il n'est pas seul à prendre ;
Et ces lettres pour nous du moins vont expliquer
Plus d'un autre départ qu'il a dû provoquer.
(Il présente successivement les lettres ouvertes à l'Empereur.)

NAPOLÉON.

C'est étrange ! Voyons ce qu'on me signifie.
(Il lit.)
L'Autriche au cabinet de France notifie
Qu'avec ses alliés en rapport par ses vœux,
Elle ne peut traiter qu'en commun avec eux.
— Ainsi c'était encore une intrigue tissue
Qui devait amener ma perte pour issue.
(Il jette la lettre avec dégoût.)

EUGÈNE.

Ah ! peut-on trop haïr tant de duplicité !

NAPOLÉON.

Dis plutôt admirer notre simplicité,
Lorsque des nœuds du sang, pleins d'une foi crédule,

Nous avons supposé la puissance moins nulle.
Dans la prospérité formés pour le malheur,
Du jour qu'on les réclame ils n'ont plus de valeur.

(Il lit.)

Ah! le roi de Bavière avec regret m'expose
Qu'il ne peut retenir son peuple dans ma cause,
Au-delà de dix jours... — A sa sincérité
Je sais gré de l'avis : c'est de la probité.

(Il lit.)

Je reste abandonné de Vurtemberg, de Bade!...
Concert de trahison dont l'écho devient fade :
On prodigue, à défaut d'autre allégation,
Des reproches amers sur mon ambition.
Mais ils viennent trop tard pour être légitimes.

(Il repousse les autres lettres.)

—Messieurs, songeons à nous · ils sont tous unanimes.
Devant Dresde rompu par un échec récent,
Le faisceau se reforme encor plus menaçant.
Ney défait à ma gauche, à ma droite Vandame,
Sur deux points à la fois notre ligne s'entame ·
Débordés, pris à dos par les peuples du Rhin,
Nos propres alliés nous ferment le chemin.
Partons, prévenons-les par notre diligence.

(Mouvement général.)

TOUS.

Où nous dirigeons-nous ?

NAPOLÉON, avec décision.

Aux frontières de France !

FIN DU TROISIÈME ACTE.

ACTE QUATRIÈME.

(PARIS. — 1814.)

ACTE QUATRIÈME.

SEPTIÈME TABLEAU.

La France en 1814, et l'Invasion étrangère.

La scène se passe à l'entrée d'un village près de Paris,
entre les Vertus et Vincennes.

SCÈNE Ire.

UN JEUNE RÉFRACTAIRE, seul.

(Il se traîne avec peine et s'assied sur un banc de pierre.)

Respirons... Haletant de fatigue et d'effroi,
La route à chaque pas recule devant moi.
Mais ma mère est au bout qui gémit et m'appelle :
Reprenons pour l'atteindre une force nouvelle,
Et bientôt dans ses bras, payé de mon effort,
Je renais...

                    (Il se lève et va pour sortir.)

SCÈNE II.

LE GRENADIER DE LA VIEILLE GARDE, LE
RÉFRACTAIRE.

LE GRENADIER, l'arrêtant.

Halte là !

LE RÉFRACTAIRE, effrayé.

Mon oncle ! je suis mort !

LE GRENADIER, essoufflé.

Ah ! je te tiens enfin, et ce n'est pas sans peine.
Attends, à mon courroux laisse reprendre haleine.
Est-ce ainsi qu'un soldat de la veille engagé,
Sans l'avis de ses chefs doit prendre son congé ?
Et moi qui, m'imposant la constance pour règle,
N'avais jamais d'un pas dévié de mon aigle,
On va faire aujourd'hui rapport au colonel
Que je manque à l'honneur en manquant à l'appel !
Et cela par mon zèle à suivre un jeune drôle
Qui déserte son poste à sa première école !
Dis, n'es-tu pas honteux ?

LE RÉFRACTAIRE.

Non, je ne puis rougir
De l'intérêt sacré qui me faisait agir.

Oh ! ne m'arrêtez pas : je veux revoir ma mère
Mourante de douleur et qui se désespère,
Car elle pleure en moi le dernier de trois fils
Qu'à ses embrassemens cette guerre a ravis.

LE GRENADIER.

Ah ! jeunesse, à quel point une mère vous gâte !
On prend goût à la guerre, aussitôt qu'on en tâte :
Attends, pour en juger, que le premier combat
Dans le sang ennemi t'ait baptisé soldat.

LE RÉFRACTAIRE.

Laissez-moi m'assurer qu'en partant d'auprès d'elle,
Sa douleur que je crains n'a pas été mortelle ;
Et dès que sur mon cœur j'aurai pu la presser,
Satisfait, à mon rang, je reviens me placer.
Ranimé par l'espoir en perdant cette alarme,
Mon bras fléchira moins sous le poids de son arme.

LE GRENADIER, ému.

Oui, tu nous vins trop jeune, enfant, pour concevoir
Ce que la discipline exige du devoir.
De l'exemple et du temps l'homme apprend le courage ;
Quand je partis soldat, je n'avais pas ton âge ;
Mais alors tous les cœurs battaient du même amour ;
Le salut du pays fut à l'ordre du jour,
Et comme d'un seul pas portée à la frontière,
La grande nation se leva tout entière ;
Le père près du fils marchait aux mêmes rangs ;
Jeunes, vieux, de fortune et d'états différens,
C'est à qui les premiers arriveraient en foule
Pour chasser loin du sol l'étranger qui le foule.
Morbleu ! depuis ce temps que s'est-il donc passé ?
Je n'y comprends plus rien, tout est morne et glace.
Pourtant c'est, comme alors, la France qu'on attaque

Défaits du Prussien, nous courons au Cosaque. .
Mais qui fait fuir ainsi ces hommes éperdus?

SCÈNE III.

Les Précédents, LES VILLAGEOIS.

LE GRENADIER.

Qu'avez-vous?

UN VILLAGEOIS.

Les voici : nous sommes tous perdus.

LE GRENADIER.

Qui donc ?

LE VILLAGEOIS.

Les alliés fondent sur le village ,
Et vont nous apporter le meurtre et le pillage.

LE GRENADIER.

Eh bien! quand l'ennemi tenterait d'y passer,
Croyez-vous, en fuyant, l'empêcher d'avancer?
Mais loin d'être en ces lieux, à tenir la campagne,
L'ennemi contre nous s'évertue en Champagne.

LE VILLAGEOIS.

Comment? depuis hier ils sont à Saint-Denis;

Un combat furieux s'est livré sous Paris :
Toujours de l'Empereur on n'a pas de nouvelle.

LE GRENADIER.

Bah ! le danger grossit lorsque la peur s'en mêle ;
Et vous n'aurez pas lu le dernier bulletin :
L'Empereur sous Paris arrivé ce matin,
Prouvant que la retraite entrait dans ses manœuvres,
Va bientôt vous donner à juger de ses œuvres.

(Mouvement. — Les paysans se rapprochent avec confiance.)

TOUS.

Vive l'Empereur !

LE GRENADIER.

Bien : voilà qui s'entend mieux.
Je soupçonne à présent une erreur de vos yeux,
Vous aurez pris pour eux la colonne avancée
Qui par Fontainebleau vient à marche forcée.

LE VILLAGEOIS.

Non, non, sur cette route ils se sont rabattus,
Après avoir passé la plaine des Vertus.

LE GRENADIER.

J'entends : des maraudeurs courant à la curée,
Attirés par l'appât d'une proie assurée ;
Dont le courage au choc facile à s'ébranler,
Ne répond qu'en fuyant s'il trouve à qui parler !
Croyez un vieux soldat instruit de leur manége ;
Le premier coup de feu va fondre cette neige.

UN VILLAGEOIS, aux autres.

Où veut-il en venir ?

LE GRENADIER.

Sur eux faisons pleuvoir
Une grêle de plomb pour bien les recevoir ;
Qu'ils partent, salués des fossés et des claies,
En laissant de leur laine aux buissons de vos haies.

LE VILLAGEOIS.

Fort bien, aller nous battre et nous faire hacher !
Fuyez, ou qu'un de nous avise à vous cacher ;
Car à votre uniforme ils vont vous reconnaître.

LE GRENADIER , indigné.

Me cacher ! et plus tard comment oser paraître !
N'est-il personne ici qui puisse me trouver
Un fusil pour mourir, sinon pour me sauver ?

UN JEUNE GARÇON , étourdiment.

Des fusils ? j'en connais cinq chez le garde-chasse.

UN VILLAGEOIS , avec mystère.

Moi, j'en conserve deux cachés dans ma paillasse.

LE GRENADIER , avec intention.

Avec eux parmi vous si l'on avait compté
Sept hommes seulement de bonne volonté,
Ici près , un moulin assis sur la colline
Commande comme un fort la route qu'il domine.
La moindre garnison dans ses retranchements
Répondrait d'y tenir contre deux régiments.

UN VILLAGEOIS.

Advienne que pourra ! moi, j'en suis.

UN AUTRE.

Moi de même.

UN AUTRE, après s'être concerté avec d'autres.

Nous voilà quatre encore.

UN AUTRE.

Je ferai le septième.

LE GRENADIER, enchanté.

A merveille! Pour vous, je ne vous retiens pas :
Partez, et qu'en lieu sûr Dieu dirige vos pas.

LE RÉFRACTAIRE.

L'ennemi qui survient m'apprend quelle est ma tâche ;
Moi, mériter l'affront de passer pour un lâche !
Non, aux mains avec eux je brûle d'en venir,
L'honneur du premier coup devra m'appartenir.

LE GRENADIER.

Ah ! je t'avais bien dit qu'il faut pour en résoudre
Essayer son courage à l'odeur de la poudre.
Aux armes, mes enfants ! nous allons leur montrer
Quel accueil dans la France ils devaient rencontrer.

(Ils sortent au milieu de l'étonnement de ceux qui restent.)

SCÈNE IV.

VILLAGEOIS, HOMMES ET FEMMES.

UNE FEMME.

Mais c'est affreux : courir à sa perte assurée,
Quand on sait que d'un autre elle sera pleurée!

10

UN VIEILLARD.

Hélas ! notre pays n'est que trop dépeuplé :
La terre nous rendra des ronces pour du blé,
En perdant chaque jour un bras qui la cultive.

UNE FEMME.

La mort plus que la vie à présent est active ;
Un enfant veut encor du temps pour s'élever,
A peine est-il grandi qu'on vient nous l'enlever.

UNE JEUNE FILLE.

Le nombre des maris tous les jours diminue,
On n'en trouvera plus si cela continue.

UNE AUTRE, montrant un des côtés de la scène.

Fuyons, des cavaliers accourent par ici.

(Ils fuient en donnant des signes de terreur.)

SCÈNE V.

ALEXANDRE, BARCLAY.

ALEXANDRE.

Allons : mon stratagème a fort mal réussi :
J'ai cru les rassurer en mettant pied à terre.
Ces lieux vont donc servir de théâtre à la guerre?

BARCLAY.

L'échec du dernier jour montra, pour notre affront,
Le danger que présente une attaque de front :
On peut par ce détour, rapprochés de la Seine,
Prendre Paris en flanc en tournant sur Vincenne.

ALEXANDRE.

Ainsi donc le combat qu'un accord fit cesser,
Dans votre opinion devra recommencer ?

BARCLAY.

Non, sire : un armistice est pour préliminaire
De la soumission le prélude ordinaire.

ALEXANDRE.

Oh ! que Napoléon m'aura coûté d'ennui,
Et qu'il tarde à mes vœux d'en finir avec lui !
Ce poids est au-dessus de toute force humaine ;
Mes jours sont abrégés de dix ans par semaine.
Qu'un moment son aspect cesse de m'agiter,
Je le retrouve aux lieux où j'ai cru l'éviter :
Sa marche avec tant d'art s'avance ou se replie,
Que son active ardeur partout le multiplie :
Par lui vingt fois repris sans être décidé,
Le sort de l'univers dépend d'un coup de dé.

BARCLAY.

En vain l'illusion voudrait se reproduire ;
Il voit à chaque pas ses forces se réduire ;
Et l'essor merveilleux par son génie atteint
Est le dernier éclat d'un soleil qui s'éteint.

ALEXANDRE.

En tenant d'une part, Paris nous livre en proie

Aux coups dont l'Empereur de l'autre nous foudroie,
Et pris entre leurs feux, nous serions accablés.
Qu'il paraisse ! Ces rois, ces peuples rassemblés,
Et venus de si loin pour chercher une tombe,
Vont offrir à sa gloire une immense hécatombe.

BARCLAY.

Si la France à son chef eût prêté son appui,
Sous les murs de Paris serions-nous aujourd'hui ?
Mais de mille combats haletante, épuisée,
Devant l'invasion la France est divisée.
L'Europe a retenti des débats éclatants
Soulevés dans le sein de ses représentants :
Resté seul, il prolonge à force de génie
De son pouvoir mourant la terrible agonie.
Mais si les faits publics viennent par leur accord
De nos avis secrets confirmer le rapport,
Dans sa chute prochaine elle a mis son refuge,
Et sa cause en Paris va compter un transfuge.

ALEXANDRE.

Devrons-nous le réduire à cette extrémité,
Ou, lui laissant sur elle un pouvoir limité ?...

BARCLAY.

Il n'est plus temps : le soin de sa propre défense
Interdit d'épargner l'ennemi qu'on offense.
Doutez-vous, sous un joug par la force imposé,
Qu'à le rompre bientôt il ne soit disposé ?
Qu'en de nouveaux combats son cœur ne se hasarde...
Mais que vois-je ? on amène un soldat de sa garde.

ALEXANDRE, avec effroi.

Un soldat de la garde ! Ah ! pour notre terreur
Leur présence partout annonce l'Empereur.

SCÈNE VI.

Les Précédents, LE GRENADIER, Officiers et Soldats russes.

L'OFFICIER.

Sire, on vient de forcer une troupe insurgée,
Qu'en vain à plusieurs fois les nôtres ont chargée;
Ce soldat de la garde en tête combattait.
Au bruit que dans nos rangs sa rencontre excitait,
On l'amène à dessein d'en tirer quelque indice.

ALEXANDRE.

Mon brave, pourquoi donc, à leur grand préjudice,
Exposer à périr sans trouver de quartier
Des gens qui n'y sont pas contraints par leur métier?

LE GRENADIER.

Le cœur agit plutôt que l'esprit ne raisonne,
Où l'on n'a pas besoin de convaincre personne :
Pour sauver son pays on a toujours mandat,
Et contre l'étranger tout Français est soldat :
Ainsi je ne pouvais admettre qu'à la force
Un soldat dût céder sans brûler une amorce.

ALEXANDRE.

Au chef qui le réclame un soldat doit son bras,
Et loin de votre corps pourquoi porter vos pas?

LE GRENADIER.

Je suivais un neveu qui, conscrit et novice,
Avait fui ses drapeaux par dégoût du service ;
Et pour l'y ramener je partais, quand soudain
Votre armée au retour nous coupa le chemin.

ALEXANDRE, cherchant des yeux autour de lui.

Qu'en a-t-on fait ?

LE GRENADIER, tristement.

Avant que le feu la connaisse,
Il faut plus d'une épreuve à la pauvre jeunesse ;
Aussi le premier pas n'est jamais sans danger.
Le plomb cherche plutôt un visage étranger,
Qu'il ne se frotte à nous dont la peau s'est durcie
Au soleil de l'Égypte, aux neiges de Russie.
Sa mort pour mon orgueil aurait bien sa douceur,
Mais je souffre en pensant au chagrin de ma sœur ;
Les femmes, vous savez, n'ont pas l'âme très-forte,
Et c'est son dernier fils qu'elle perd de la sorte.

ALEXANDRE, avec sensibilité.

Oui, contre l'Empereur un reproche éternel
Partout s'est élevé dans le cri maternel,
C'est par là qu'à la haine il s'acquit plus d'un titre...

LE GRENADIER, avec hauteur.

Croyez-moi : n'allons pas entamer ce chapitre ;
Car voyez, là-dessus, où je me trompe fort,
Ou bien nos sentiments ne seraient pas d'accord.

ALEXANDRE, souriant.

Votre scrupule est juste, et ma raison l'approuve.
Dites-nous en quel lieu Napoléon se trouve ?

LE GRENADIER, avec intention.

Mais... à Fontainebleau qu'il avait regagné.

ALEXANDRE, réprimant un mouvement d'effroi.

Déjà... Non, tout l'annonce : il en est éloigné.

LE GRENADIER, malignement.

C'est possible : il l'aura dépassé d'une lieue :
Paris vous tient en tête et lui vous prend en queue.

ALEXANDRE.

Vous voulez m'effrayer, mais sans y parvenir.
Des hommes que sa force en tout peut réunir,
A combien portez-vous le nombre?

LE GRENADIER.

A deux cent mille.

ALEXANDRE.

J'aurais pour bien des nuits d'un sommeil peu tranquille,
Si je ne savais pas d'après de sûrs garants
Qu'il en a trente mille à peine dans ses rangs.
Je renonce à l'espoir que sur ce qui me touche,
Un éclaircissement vienne de votre bouche.
Mais à mes questions la crainte a peu de part.
L'Empereur dans sa marche arrivera trop tard,
Et ne gagnera rien à presser sa présence
Que de trouver Paris tombé sous ma puissance.

LE GRENADIER, d'un air d'incrédulité.

Vous, entrer dans Paris!

ALEXANDRE.

Oui, j'y couche ce soir.

LE GRENADIER, avec hauteur.

Vous comptez sans votre hôte : on vous le fera voir.

ALEXANDRE.

Ce succès moins qu'un autre a droit de vous surprendre,
Vous qui jusqu'à Moscou vîntes pour nous l'apprendre.

LE GRENADIER.

Nous, c'est bien différent ; et vous pouvez penser
Que nous sommes encor prêts à recommencer.

ALEXANDRE.

Quoi ! vraiment, vous croyez...

LE GRENADIER.

Oui, la fin de l'année
Décidera l'affaire et l'aura terminée.
De la France au plus tôt d'abord vous sortirez,
Non pas aussi nombreux que vous êtes entrés :
Puis, au-delà du Rhin nous poussons notre pointe :
De nos corps engagés la réserve rejointe,
Pour visiter Moscou, nous prenons par Berlin,
Et la route est facile à qui sait le chemin.
Doutez que pour le coup Pétersbourg en réchappe,
Car nous y marquerons notre dernière étape.

ALEXANDRE, souriant.

Vous en êtes bien sûr ? vous ne pouvez nier
Pourtant qu'entre mes mains vous êtes prisonnier.

LE GRENADIER, avec humeur.

Ah ! c'est là mon regret : une fausse sortie
Va m'ôter le plaisir d'être de la partie.

ALEXANDRE.

Je me reprocherais, moi, de vous en priver.
Près de votre Empereur hâtez-vous d'arriver :
Qu'à travers notre ligne un poste vous remarque,
Montrez ce sauf-conduit.

LE GRENADIER, à part, avec joie.

              Caprice de monarque !
Ma foi, profitons-en.

(Haut.)

          Bien des remercîments.
Lorsque dans Pétersbourg viendront nos régiments,
Si je puis par hasard vous rendre un bon office,
Je serais enchanté d'acquitter ce service,
Autant que mon devoir peut s'en accommoder,
Et votre majesté n'aura qu'à commander.

ALEXANDRE, en riant.

J'y compte. Adieu.

SCÈNE VII.

LE GRENADIER, puis une Vieille Femme.

LE GRENADIER, seul.

        S'il est un plaisir qu'on éprouve,
C'est lorsqu'en liberté le captif se retrouve.

Mais la réflexion y mêle un repentir,
En pensant que tout seul il me faut repartir.

UNE VIEILLE FEMME, sanglotant.

O mon Dieu !

LE GRENADIER, la rencontrant.

Vous pleurez! Qu'est-ce qui vous tourmente?

LA VIEILLE.

Entrez là : vous verrez pourquoi je me lamente.
Ils ont tout dévasté de la grange au verger,
Tué nos bestiaux malgré chiens et berger,
Dépeuplé notre étable et pillé notre ferme.

LE GRENADIER, avec humeur.

C'est le droit du plus fort. Si l'on eût de pied ferme,
Ainsi que dans mon temps je l'ai vu pratiquer,
Disputé sa chaumière à qui vint l'attaquer;
Et, semant sur leurs pas la guerre de broussailles,
Soutenu notre armée occupée aux batailles,
Loin d'avoir pour long-temps l'Europe sur les bras,
Leur tour serait venu d'être dans l'embarras.
Calmez-vous : l'Empereur, qui les suit à la trace,
Arrive, résolu de leur donner la chasse.

LA VIEILLE.

Oui, mais en attendant nous serons ruinés.

LE GRENADIER.

Pour vous tirer des mains de ces déterminés,
Tâchez d'intéresser l'empereur Alexandre.
Il m'a l'air bon enfant; et...

LA VIEILLE.

       Non, pour nous défendre,
Le père Thaddéus comme eux est étranger,
Sa présence et sa voix sauront nous protéger.

          (Elle sort.)

LE GRENADIER, seul.

Le père Thaddéus!... quelque curé; sans doute.
C'est pour un militaire une faible redoute.

   (Il va pour sortir, et rencontre un officier russe.)

SCÈNE VIII.

LE GRENADIER, un Officier d'un Corps lithua-nien.

L'OFFICIER, l'arrêtant.

Alte-là. Rendez-vous.

LE GRENADIER, à part.

      Que ne puis-je, en parlant,
Relever à mon gré ce propos insolent !
Mais non; parlementons.

      (Haut.)

      Ne prenez point l'alarme.
D'abord examinez que je marche sans arme;
Et puis, comme le temps commence à me presser,
Lisez ce sauf-conduit, et laissez-moi passer.

L'OFFICIER, après l'avoir lu.

Il est en règle. Allez.

LE GRENADIER, à part.

S'il y trouve à redire,
C'est de voir qu'au passage il ne peut m'interdire.
(Haut.)
Capitaine, au revoir sur terre ou devant Dieu,
Vous savez qu'entre nous c'est toujours sans adieu.

(L'officier fait un geste de colère.)

SCÈNE IX.

L'OFFICIER, seul.

Oui, l'on veut nous frustrer quand la moisson est mûre.
L'empereur, sans songer si l'armée en murmure,
Croit gagner les vaincus par ses ménagements,
Plus jaloux d'emporter leurs applaudissements.
Mais Moscou fume encore et crie aux représailles !
Nous voulons à Paris fêter nos fiançailles.
A nous Paris ! à nous la reine des cités !
Ses femmes, ses trésors, ses spectacles cités !
Nous avons pour les voir soutenu tant d'épreuves,
Traversé tant de monts, et franchi tant de fleuves !

(Pendant ces réflexions, le fond du théâtre s'est rempli
de soldats, les uns coupant des plantes, les autres sortant des maisons avec du butin. D'une cabane sort un
inconnu en habit de paysan, à qui parle la vieille femme. Il la congédie et observe quelque temps ce qui se
passe.)

SCÈNE X.

L'INCONNU , L'OFFICIER , Soldats lithuaniens.

L'INCONNU , à voix haute.

Quoi ! pour nommer tout haut ceux que je reconnais,
Devais-je en rougissant revoir des Polonais ?
Oui, plus la guerre abonde en rigueurs volontaires,
Moins l'abus de la force absout les militaires,
Qui coupent sans égard les arbres nourriciers,
Ou donnent la moisson pour pâture aux coursiers.
Le choix dans le troupeau néglige la femelle ;
La femme au sein fécond, l'enfant à la mamelle :
Tout ce qui pour défense à la brutalité
Oppose sa faiblesse ou son utilité,
Et, destiné plus tard à réparer leurs pertes,
Rend leur magnificence aux campagnes désertes,
Par un respect inné commande à notre esprit :
C'est un code sacré dans toute langue écrit.
Vous verrez au retour vos mères, vos maîtresses :
Beaux faits à leur conter que de telles prouesses !
Jadis, quand ils marchaient soumis à mon pouvoir,
Et formés sous mes yeux y lisaient leurs devoirs,
Dans les rangs polonais aventure pareille
Ne fût pour l'affliger venue à mon oreille.
Car à de tels exploits j'eusse été sans merci.

(Pendant qu'il parle, les soldats étonnés se rapprochent,
et montrent des dispositions menaçantes.)

L'OFFICIER , allant à lui.

Mais qui donc êtes-vous? pour nous parler ainsi.

L'INCONNU , avec simplicité.

Je suis Kosciusko.

LES SOLDATS , se prosternant à terre.

Notre chef!... notre père!...

KOSCIUSKO.

Pourquoi cette attitude, en retrouvant un frère?
Levez-vous, mes amis..... Eh bien! m'obéit-on?

L'OFFICIER , à part, à un sous-officier.

Prevenez l'empereur, s'il est dans ce canton.

KOSCIUSKO , faisant relever les soldats.

Vous l'avez entendu, quittez cette posture :
L'homme ainsi prosterné dégrade sa nature.
L'orgueil maintient chez nous l'usage féodal
Qui devant le seigneur fait fléchir le vassal ;
Mais cet abaissement avilit les courages,
Et ce n'est qu'à Dieu seul qu'on rend de tels hommages.

L'OFFICIER , chapeau bas et respectueusement.

Leur hommage naïf s'adresse à la vertu
Dont le grand caractère en vous s'est revêtu,
Illustre général.

KOSCIUSKO.

Votre nom, capitaine?

L'OFFICIER.

Lovinsky.

KOSCIUSKO.

Si j'en crois ma mémoire incertaine,
Fils d'un père autrefois sous mes drapeaux rangé,
Le nom vous est resté, mais le cœur a changé.
Je vous blesse.... Pardon, à chacun le mérite,
Comme le jugement de sa propre conduite !
Tout homme en ses désirs facile à se flatter,
Aux caresses des rois ne sait pas résister ;
Et la Pologne au zèle offrant des sacrifices,
A perdu le pouvoir de payer les services.
Mais si redit par vous mon nom a quelque droit,
Commandez à vos gens d'épargner cet endroit,
L'abri dont ma vieillesse avait fait son asile.

L'OFFICIER.

Pour leur dicter ce soin mon ordre est inutile ;
Prompts à s'y conformer sans l'avoir entendu,
Le respect qu'on vous porte à tous s'est étendu.
Mais venez : l'empereur Alexandre, mon maître,
Voudra voir un héros qu'il brûle de connaître ;
Charmé s'il peut dans l'homme honorer le pays,
Et signaler pour lui les sentiments d'un fils.

KOSCIUSKO.

Non, pour compter les jours qui me restent à vivre,
Ma place n'est pas là, je ne puis vous y suivre.

L'OFFICIER.

Dans son empressement sur ses pas revenu,
C'est lui qui pour vous voir vous aura prévenu.

SCÈNE XI.

Les Précédents, ALEXANDRE.

ALEXANDRE, accourant.

C'est ici, dites-vous, qu'on a fait sa rencontre.
Où se tient-il? parlez, j'attends qu'on me le montre.
      (L'officier le désigne, l'Empereur le considère et dit à part.)
Voilà donc le héros qui nous fut si fatal.
      (Haut à l'officier.)
Faites passer cet ordre au quartier général :
Qu'une garde d'honneur se relève à toute heure,
Auprès de sa personne et devant sa demeure.
      (L'officier salue et sort. — Les soldats se retirent.)

KOSCIUSKO.

Sire, que faites-vous? Ces rustiques habits
Disent les changements que mon sort a subis.

ALEXANDRE.

Souffrez que je distingue un général illustre :
La gloire des dehors ne tire pas son lustre,
Et dans l'obscurité qui semble l'absorber,
Aux respects des humains ne peut se dérober.

KOSCIUSKO.

Honorer la vertu d'un culte légitime,

C'est prouver que soi-même on mérite l'estime ;
Et l'Europe doit voir comme un présage heureux,
Qu'elle dépend d'un prince affable et généreux.

ALEXANDRE.

Votre éloge me flatte autant qu'il m'encourage.
Mes soins les plus constants n'aspirent qu'au suffrage
De ceux que jusqu'à vous leur nom peut élever.
Heureux si ma faveur en venant vous trouver,
Vous faisait préférer ma cour à la retraite !
Choisissez sous quel titre il faut qu'on vous y traite ;
Le premier, après moi, dans les camps, au conseil...

KOSCIUSKO, surpris.

Qui, moi, dont les seuls droits pour un titre pareil !...
Mais si de mes combats cet oubli magnanime
Me donne à supposer quel dessein vous anime,
Un espoir trop flatteur me trompe, ou cet accueil
Présage la Pologne arrachée au cercueil.
Ainsi l'ambition qu'en vain j'ai poursuivie,
Sans fruit pour mon pays a consumé ma vie :
Et par ses ravisseurs à lui-même rendu,
Son salut lui viendra de ceux qui l'ont perdu !

ALEXANDRE.

Entendons-nous : du faîte obligé de descendre,
Napoléon y porte à son tour Alexandre.
Dans la succession qu'il laisse à disputer,
La Pologne est la part dont je veux hériter.
De nos longs démêlés effaçons jusqu'aux traces ;
Et commençons par nous à confondre deux races,
Filles du même sang, rameaux du même tronc,
Qui rejoints par la gloire ensemble renaîtront.
Mon âge me sépare et m'exempte du crime
Dont jadis la Pologne a péri la victime,

11

Quand trois rois qu'unissait un complot clandestin,
De ses membres sanglants se firent un festin.

KOSCIUSKO.

Le fils, en maintenant un injuste partage,
Des fautes de son père accepte l'héritage.
Qui de nous doit tenir du sang dont il est né,
Le rang dans la famille attribut de l'aîné?
La Pologne régnait, puissante et renommée,
Au temps où dans Moscou la Russie enfermée,
Vit camper le Tartare au milieu de ses murs.
Mais pour votre grandeur si les siècles sont mûrs,
Faut-il que notre nom soit rayé de l'histoire?
Libre selon vos vœux d'employer la victoire,
Choisissez ou l'appui d'amis reconnaissants,
Ou la possession d'esclaves frémissants.
Ainsi Napoléon tint de la providence
Le pouvoir de la rendre à son indépendance,
Auteur de ce bienfait, vous serez désigné
Par l'honneur qui lui manque et qu'il a dédaigné.
Prince, préparez-vous ce triomphe paisible...

ALEXANDRE.

Vos vœux, Kosciusko, demandent l'impossible :
Mais venez près de moi prendre les intérêts
De vos concitoyens devenus mes sujets.

KOSCIUSKO, avec dignité.

J'entends : Kosciusko traître à toute sa vie,
Acceptant sous vos lois la Pologne asservie,
Pourrait, entre les noms qu'on aurait à citer,
S'alléguer en exemple à qui veut l'imiter.
Mais le mien par malheur répugne à cet usage :
J'entrevois de trop près la fin de mon passage,
Pour que, vivant en paix sous la loi du vainqueur,
Je consente à mourir en guerre avec mon cœur.

SCÈNE XII.

LES PRÉCÉDENTS; BARCLAY.

BARCLAY, accourant.

Je vous cherche partout, sire. Un parlementaire
Annonçant de sa part un accord volontaire,
Demande pour Paris, dans le temps révolu,
De changer en traité l'armistice conclu.
A ce prix on se rend.

ALEXANDRE.

         Quoi! Paris capitule!
La nouvelle m'étonne et me laisse incrédule.
Après qu'il a coûté tant de vœux superflus
Au bonheur qui nous vient soi-même on ne croit plus.
Mais le doute avec lui doit porter son excuse...
Paris à nous!... Je crains qu'un rêve ne m'abuse,
Tant mon esprit troublé par cette extrémité
Du péril dont il sort est encore agité.
La mort, sans conserver la fuite pour ressource,
Vaincus, nous attendait au bout de notre course;
Et quand son chef accourt, comptant sur son appui,
Paris s'ouvre pour nous et se ferme pour lui!

BARCLAY.

Déjà vos alliés traitent en assemblée
De la convention qui doit être réglée.

ALEXANDRE.

Allons y prendre part, et, pour le remplacer,
Que mon règne commence où le sien va cesser.
Si l'Europe liguée abat dans sa folie
L'empereur des Français et le roi d'Italie,
Que sa vue autre part tournée avec effroi
Debout retrouve encore un Empereur et Roi !

(Il dit ces derniers mots en regardant Kosciusko, et sort.)

SCÈNE XIII.

KOSCIUSKO, seul.

L'empire dont j'ai vu l'origine guerrière,
Va donc, avant son chef, terminer sa carrière ;
Et moi, débris d'un peuple à qui j'ai survécu,
J'assiste en spectateur au jour qui l'a vaincu !
Quel sort vont-ils lui faire? Ah! devant tant de gloire
Dont l'ombre seule encore fait pâlir leur victoire,
La France les condamne à respecter ses droits.
La terreur est encore trop vive aux cœurs des rois
Pour vouloir, trahissant leur superbe espérance,
Le sort de la Pologne en partage à la France.
Non, fiers de leur triomphe, ils le feront servir
A dompter des sujets qu'ils voudront asservir,
S'ils osaient rappeler d'une voix importune
Les serments répétés dans les jours d'infortune.
Ainsi, vers ses désirs l'homme a beau s'élancer,
Dans un cercle éternel tournant sans avancer !

Tant d'efforts généreux, tant de nobles courages,
Tant de sang dont les flots ont rougi tant de plages !
Tout cela, vains trésors par l'abîme engloutis !
Mais, atteints par les coups qu'elle aura ressentis,
Bientôt vous, que la France à sa perte conjure,
Peuples, vous la suivrez réparant son injure :
Et le jour n'est pas loin où, rendue à son cours,
L'espoir vous viendra d'elle ainsi que le secours.
Et toi, qui de ton sang fus toujours si prodigue,
Tu seras la première à lui servir de digue,
Pologne, à qui peut-être alors j'aurai manqué...
Mais si je défendais mon pays attaqué
Pour briser mon épée, et, d'un cri d'agonie,
De nouveau m'écrier : *la Pologne est finie !*
Oh ! que plutôt la mort vienne m'y dérober !
Ce serait trop deux fois de la voir succomber.

(Il se retire pensif et à pas lents.)

HUITIÈME TABLEAU.

L'Abdication.

La scène est à Fontainebleau dans une des salles du château.

———————◆———————

SCÈNE Ire.

NAPOLÉON, BERTHIER.

BERTHIER.

Employez l'accident qui rompt votre voiture,
A prendre du repos et quelque nourriture.

NAPOLÉON.

En route pour Paris mettons-nous sans délai,
Vous avez commandé les chevaux du relai?

BERTHIER.

Tant de jours, tant de nuits de veille convulsive...

NAPOLÉON.

Partons, Berthier, partons : chaque heure est décisive.
Il y va de la France, et pour nous retenir,
Près de son intérêt quel autre peut tenir?
A Paris, où je cours, cherchez qui me transporte,
En voiture, à cheval, en charrette, il n'importe!
Le premier dans Paris triomphe en l'occupant ;
Je pars, quand je devrais m'y traîner en rampant.

BERTHIER.

Reposez-vous : je cours presser votre arrivée.

(L'Empereur se laisse aller sur un siége, exténué de fatigue.)

SCÈNE II.

NAPOLÉON, seul.

Oui, rentrons dans Paris, et la France est sauvée.
Seul j'ai pris les devants ; car partout où je vais,
Je porte ses destins, ou c'est moi qui les fais.
L'ennemi, qu'a trompé ma retraite savante,
Surpris de m'y trouver, pâlira d'épouvante :
Qu'ils hésitent, leur trouble aidant à les frapper,
Laisse à d'autres le temps de les envelopper.
Et toi, mon grand Paris, où durant mes conquêtes,
Le canon n'a servi qu'au signal de tes fêtes,
Apprends dans tes foyers à combattre à couvert;
Présente à l'ennemi ton labyrinthe ouvert :
S'ils osent s'engager sous les foudres croisées·

Qui jaillissent des toits ou partent des croisées,
Ce jour, je t'en réponds, pour leur perte aura lui...
Enfin Berthier revient... Quoi ! Vandame avec lui !

SCÈNE III.

NAPOLÉON, BERTHIER, le Général VANDAME.

NAPOLÈON, surpris.

Vous sortez de Paris ! qu'y fait-on ? car je n'ose,
Surpris de votre abord, en démêler la cause.

VANDAME.

Passant sur cette route et par Fontainebleau,
J'apprends qu'un accident vous retient au château :
Heureux que mon avis vous arrête au pasage,
Je viens vous détourner d'avancer davantage.

NAPOLÉON.

Mais comment, si Paris est serré d'aussi près,
Ouvert pour en sortir, n'offre-t-il plus d'accès?

VANDAME, tristement.

Paris est pris !

NAPOLÉON, atterré.

Paris !... Oui,.. j'entends, et je veille !..
Mon fils... l'impératrice... où sont-ils?

VANDAME.

.Dès la veille,
Sans attendre l'attaque, ils l'ont quitté pour Blois,
Avec ceux que la cour attache à ses emplois.
Paris abandonné dans ce moment suprême,
A son propre salut dut pourvoir par lui-même.

NAPOLÉON.

Quoi! ma femme, mon frère ont déserté Paris!
Et ces chefs résolus d'y tenir à tout prix,
Qu'au poste du péril j'ai mis de préférence,
Aucun n'a su mourir pour l'honneur de la France!

VANDAME.

Comme un plus long retard rendait insuffisant
Un secours éloigné contre un danger présent,
L'attente, sous le poids du nombre qui l'accable,
Fut de l'avis de tous jugée impraticable.

NAPOLÉON.

Eh bien! ma garde et moi nous voici de retour!
Pour venger son affront la France aura son tour :
La capitale, ainsi perdue et recouvrée,
Laissera l'infamie à ceux qui l'ont livrée :
Et Paris vomira l'étranger de son sein,
Comme le corps rejette un aliment malsain.

VANDAME.

Notre absence rendrait votre attaque incomplète :
Les termes du traité qui dicta ma retraite
M'obligent d'en sortir sans pouvoir y rentrer.

NAPOLÉON, avec réflexion.

Ah!... sous un autre titre il faut y pénétrer.

Je recule au tableau du trouble que j'apprête :
Paris peut tout entier périr dans la tempête!...
Portez à Caulincourt cet ordre de ma main,
Il suit les alliés par un autre chemin.
Pour lui faciliter l'accord qu'il va conclure,
Moi-même du traité l'autorise à m'exclure.
Je lègue sans retour l'empire avec mon nom
Au fils de tant de gloire unique rejeton :
Qu'un enfant sur le trône intéresse et désarme
Les esprits irrités que ma présence alarme :
Je puis céder pour lui, sans trop me démentir,
Aux rigueurs que pour moi je n'ai pu consentir.

VANDAME.

Je cours y travailler, dans la ferme assurance
D'un succès qui s'accorde avec votre espérance.

(Il sort, Berthier l'accompagne, puis revient.)

SCÈNE IV.

NAPOLÉON, BERTHIER.

NAPOLÉON, se croyant seul.

Oh! me voici donc seul! A mes larmes du moins
Je puis livrer passage un moment sans témoins.
J'ai vu partout des miens les grandes funérailles,

Cent batailles à peine ont ému mes entrailles.
Mais du rang où ma gloire a voulu la placer,
Voir après tant d'efforts la France s'effacer !
Au pouvoir du barbare et des hordes du pôle,
Du monde policé tomber la métropole,
Dont jamais ennemi n'entrevit la beauté,
Et qui perd avec moi cette virginité !
Quand je veux prévenir ou venger cet outrage,
Sentir le désespoir d'une impuissante rage !
En vain pour cette épreuve, endurcis aux douleurs,
Mes yeux n'étaient plus faits à l'usage des pleurs.

(Il entend Berthier sangloter, et se retourne avec confusion.)

Vous étiez là, Berthier ; vous voyez ma faiblesse :
Usé par tant d'assauts, mon courage me laisse.

BERTHIER.

Ah ! je pleure avec vous.

NAPOLÉON, se levant avec fermeté.

La plainte et les regrets
Doivent céder la place à d'autres intérêts.
Rappelons ma constance, et, dans ce grand naufrage,
Cherchons ce qui me reste à sauver de l'orage.
Paris, perdu pour moi, demeure aux alliés ;
Mais le sol de la France est encor sous mes piés.
Dois-je au sort d'une ville attacher tout l'empire ?
Non, ma cause est la sienne ; et tant que j'y respire,
La France à ma retraite offre de toutes parts
Ses fleuves pour barrière et ses monts pour remparts.
Augereau tient Lyon : par ce point je rallie
Eugène avec Murat dans la Haute Italie :
L'Autriche, atteinte au cœur, frémit, non sans raison,
Et Vienne de Paris deviendra la rançon.
Allons près de mon fils retrouver sur la Loire

L'élan de ma jeunesse au début de ma gloire :
Car la France vaut bien qu'on mette à la garder
L'ardeur que mon désir mit à la posséder.
Qu'en dites-vous, Berthier ?

BERTHIER.

Hélas ! le malheur, Sire,
Ne frappe jamais seul.

NAPOLÉON.

Quoi ! que voulez-vous dire ?

BERTHIER.

Du quartier-général, dirigé sur ce point
Et venant d'Italie, un courrier nous rejoint.
Ses dépêches plutôt ne sont pas parvenues.
Par l'ordre d'Augereau qui les a retenues.

NAPOLÉON, surpris.

Comment ?

BERTHIER.

Le maréchal méconnaît son devoir,
Et livre avec Lyon votre dernier espoir.

NAPOLÉON.

Grand Dieu !

BERTHIER.

Ce n'est pas tout, Murat, dont l'inconstance
Balançait pour s'unir à notre résistance ;
Murat, au vice-roi retirant son appui,
Dans les rangs de l'Autriche est passé contre lui.

NAPOLÉON, avec accablement, puis impétuosité.

En est-ce assez?... A moins que le ciel implacable,
Ne garde un dernier trait pour le coup qui m'accable!
Mes amis!... mes parents!... Je suis donc rejeté
Hors de la loi commune et de l'humanité;
Puisqu'ainsi tout forfait devenu légitime
Se transforme en vertu s'il me prend pour victime.
Murat, que j'ai fait roi, par un double attentat
Immole, en me perdant, la France à son état!
Oui, pour être l'époux d'une femme étrangère,
Il plonge le poignard dans le sein de sa mère!
Ingrat à mes bienfaits, il croit mieux affermi
Le trône que par grâce il tient d'un ennemi,
Et dans sa dépendance il s'est mis par sa faute!...
Mon tort fut d'en attendre une raison plus haute :
Va, loin de t'en vouloir, je t'excuse et te plains;
Le sabre au lieu du sceptre allait mieux à tes mains :
Tu ne resteras pas long-temps à reconnaître
Que jamais trahison ne fut comptée au traître.

BERTHIER, regardant par la fenêtre.

Quelqu'un vient : dans la cour un carrosse est entré.

(Ney paraît sur le seuil, et semble craindre d'entrer.)

SCÈNE V.

LES PRÉCÉDENTS, NEY.

NAPOLÉON, surpris.

Au choix qu'on fait de vous, maréchal, je sais gré.

Est-ce vous qui venez, ou vous que l'on envoie?

NEY.

Sire, pour me résoudre à prendre cette voie,
Quelque triste que soit l'emploi qui m'est offert,
D'un facile refus mon devoir eût souffert,
Puisqu'en me proposant quand tout autre recule,
J'ai consulté mon zèle et non pas mon scrupule.

NAPOLÉON.

Comment?... Mais Caulincourt a dû vous informer
De l'offre où ma demande entend se renfermer.

NEY.

Il est vrai : mais d'avance, inutile et tardive,
L'accès est interdit à toute tentative,
Et l'appui qui la sert déclaré criminel.
Entre les souverains un acte solennel
Exclut de tout traité vous et votre famille.

NAPOLÉON.

L'un d'eux m'admit pourtant à l'hymen de sa fille;
Et par son propre aïeul dépouillé de ses droits,
Mon fils n'a pu trouver grâce devant les rois!
En vain je lui transmis des aïeux par sa mère,
Son crime est dans le sang qu'il reçut de son père.
Et, des corps de l'état joignant l'assentiment,
Ce projet n'y rencontre aucun empêchement?

NEY.

Le sénat, annulant votre titre à l'empire,
Du droit dont il l'offrit, aujourd'hui le retire.

NAPOLÉON.

Passons : car si déjà je n'étais aguerri,

De l'indignation le dédain m'eût guéri.

NEY.

Les Bourbons, dont les rois acceptent la puissance,
Revendiquent le trône acquis à leur naissance.

NAPOLÉON.

J'entends : on veut forcer la France à reculer
Vers un passé déchu qu'elle a fait écrouler :
Et pour le reconstruire il fallait ma ruine.
Né du peuple, mon droit heurtait par sa racine
Le droit qu'au souverain l'orgueil prête en tout lieu,
Qui découle du sang et relève de Dieu.
Qu'on y songe : le peuple est sorti de tutelle :
Où manque son aveu toute force est mortelle ;
Et le tort dans l'affront fait à la majesté,
Ne tombe pas sur moi, mais sur la royauté.

NEY.

Comme obstacle à la paix, sire, on vous considère ;
On attend d'un héros qu'à cet acte il adhère,
Et nous laisse en retour d'un rapt injurieux,
Des jours moins agités, s'ils sont moins glorieux.

NAPOLÉON, avec noblesse.

On ne s'est pas flatté d'une fausse espérance ;
Je fais ce sacrifice au repos de la France.

(Il se met à la table, écrit rapidement l'acte d'abdication, le
signe et le donne.)

Prenez donc. Dès ce jour j'ai cessé de régner;
Mais c'est l'arrêt des rois que je viens de signer.
Êtes-vous satisfait ?

NEY, surpris.

Non, car j'ai dû prétendre

Qu'à Votre Majesté l'accord devrait s'étendre,
Et régler notre sort en assurant le sien.

NAPOLÉON.

L'accord est bientôt fait, je ne demande rien.

NEY.

Souffrez, de vos amis me rendant l'interprète,
Que de cet abandon mon zèle s'inquiète;
D'une telle entremise on ne m'eût pas chargé,
Si dans votre intérêt je n'eusse transigé.

NAPOLÉON.

Quel sort peut-on m'offrir digne que j'y réponde,
Après m'avoir privé de l'empire du monde !

NEY, lisant.

Vous allez en juger... D'abord un revenu
De quatre millions vous sera reconnu.

NAPOLÉON.

Moi! devrais-je étaler, quelque rang que je tinsse,
Dans un particulier la fortune d'un prince?
Non, le faste et l'orgueil ne vont point au malheur.
Séparé du pouvoir l'or n'a plus de valeur :
A moins de m'en servir pour la grandeur publique,
Dites, à quel emploi veut-on que je l'applique?

NEY.

A soutenir le rang de Votre Majesté.
Le titre d'Empereur lui reste incontesté.

NAPOLÉON.

La faveur est fort grande, et, sans doute, on veut rire.

Des trésors sans pouvoir, un titre sans empire !
Vains hochets, dont mon nom saura bien se passer,
Et qui, loin de servir, ne font qu'embarrasser.
La gloire m'a formé des titres plus splendides
Que celui d'Empereur, et surtout plus solides.
D'ailleurs à qui le porte il suppose une cour,
Pour cortége une armée, un palais pour séjour.

NEY.

Aussi vous maintient-on les honneurs militaires :
Vous garderez un corps de mille volontaires.

NAPOLÉON, flatté.

Quoi ! monarque de nom aussi bien que de fait !
L'amour-propre des rois n'admet plus en effet,
Denis pour la férule échangeant la couronne,
Où Dioclétien jardinier à Salone.
Car nul n'a pu penser qu'on trouvât en défaut
La vertu qui servit à m'élever si haut.
Il a fallu, sorti du rang qui m'a vu naître,
Qu'avant le souverain l'homme se fît connaître ;
Et j'aurais trop paru, tant qu'un trône eût vaqué,
Lui manquer plus encor qu'il ne m'aurait manqué.
C'est en vain qu'on m'étend sur le lit de Procuste :
Si je porte avec moi ce caractère auguste,
Quel état pour séjour voudra m'être affecté ?

NEY.

On laisse à votre choix en souveraineté
L'île d'Elbe ou la Corse.

NAPOLÉON.

Honneurs ! indépendance !
Je n'espérais pas tant de leur condescendance.
Mais quoique leur faveur brille au premier aspect,

Venant d'un ennemi, le présent m'est suspect ;
J'entrevois l'intérêt qui la rend libérale,
Et sous un autre nom le soin qu'elle signale.
Je suis pour un état un hôte embarrassant,
On m'établit captif dans un cachot décent :
Ma vue avec empire agissant sur les âmes,
Eût de l'enthousiasme entretenu les flammes :
Pour m'ôter des esprits, on me soustrait aux yeux,
Et j'aurai pour geôliers les flots capricieux.

NEY.

Vous pourrez élever à l'état de puissance
La contrée ennoblie où vous prîtes naissance ;
Et grandissant par vous, la Corse entre vos mains
Se fera respecter des royaumes voisins.

NAPOLÉON., avec réflexion.

Vous m'éclairez : la mer qui défend son rivage,
Sa couronne de monts et son peuple sauvage,
Tout assure à la Corse un sort indépendant !
Vain projet caressé par mon esprit ardent,
Lorsqu'enfant, les pieds nus, je courais sur ses grèves,
Où, seul, la voix des flots répondait à mes rêves !
Déjà d'un avenir immense et glorieux
J'avais le sentiment vague et mystérieux ;
Mais sans qu'il fût possible au jeune enthousiaste
D'atteindre à sa hauteur dans l'essor le plus vaste.
Depuis, distrait ailleurs, ce vœu s'est effacé,
Dans mon ambition d'autres l'ont remplacé.
Là, contemplant ma vie et mesurant sa course,
Je pourrai, jour à jour, remonter à sa source,
Pour la reprendre à l'âge où mon orgueil d'enfant
Rêvait sur le Français le Corse triomphant...

(Il s'arrête frappé d'une idée soudaine.)

... Mais quoi ! des deux pays c'est l'hymen qui se brise !

Le rapt de l'étranger par le mien s'autorise !...
Au titre de Français mes droits seront niés !...
Ney, volez à Paris : dites aux alliés
Que jusqu'au désespoir je recours à la force
S'il faut que de la France on détache la Corse.
Elle répudierait, en perdant mon berceau,
Ses exploits dont ma gloire a grossi le faisceau :
Car tant qu'elle a brillé la France à sa lumière
Entre les nations a marché la première,
Et mon nom, par l'éclat dont j'ai su le parer,
Ainsi que mon pays ne peut s'en séparer.

NEY.

Eh bien, à son défaut l'île d'Elbe vous reste.

NAPOLÉON.

Pour un prince déchu l'asile est plus modeste :
Comme un autre à mon gré que ne puis-je choisir !
Mon cœur eût préféré, dans un simple loisir,
L'entretien d'un ami charmant ma solitude,
La liberté du sage unie avec l'étude.
La gloire a fait de l'homme un objet de terreur ;
Eh bien ! soit : l'île d'Elbe aura son empereur.
Des bords qui me sont chers ma retraite est voisine :
Près de là l'Italie à la France confine.
Souvent pour l'entrevoir à l'horizon lointain,
Mes regards perceront les brumes du matin.
Je vais suivre, du point où ma course est bornée,
Sa fortune par moi si long-temps gouvernée.
Allons, c'est convenu, j'accepte.

NEY.

En ce moment
Où je porte à Paris votre consentement,
Travaillez à former votre garde d'élite.

Si ce dernier service en ma faveur milite,
J'oserai demander, comme son juste prix,
Que mon nom sur la liste en tête soit compris.

NAPOLÉON , surpris et avec réflexion.

Votre position, prince, est trop élevée
Pour perdre sans regret votre grandeur privée.
Plus l'offre me séduit, moins j'y dois consentir ;
Après l'entraînement viendrait le repentir.
Vous, me suivre en exil ! Non, non, c'est impossible.

NEY.

Songez, sire, à quel point ce refus m'est sensible.

NAPOLÉON.

Non, qu'aucun d'entre vous ne soit enveloppé
Dans la proscription dont je reste frappé.
Jeune encor, votre bras appartient à la France :
Ceux que je puis admettre à cette concurrence,
Sont quelques vieux soldats sans foyers, sans lien,
Pour lesquels je suis tout, et qui n'y laissent rien.
Retenez les amis qu'une ardeur indiscrète
Porterait à me suivre au fond de ma retraite.
Le danger qu'on suppose est moins grand qu'on ne craint,
Car le nombre sans doute en sera bien restreint.
Mes malheurs m'ont appris, dans leur vicissitude,
Combien le cœur humain chérit l'ingratitude,
Heureux que mon mépris doive vous épargner !
Le prince de Wagram va vous accompagner :
Tous deux, si vous tenez à ma reconnaissance,
Hâtez, selon mes vœux, cette éternelle absence.

BERTHIER.

Quoi ! sire, sans pitié pour mon affliction...

NAPOLÉON.

Non, non, j'étends à tous cette interdiction.
N'insistez pas, de grâce, et l'ami vous en presse :
A vous, comme empereur, s'il le faut, je m'adresse :
C'est la dernière fois que j'en prends le pouvoir,
Allez ; embrassons-nous pour ne plus nous revoir.

NEY, pressant la main de l'Empereur.

Adieu, sire ! A regret si j'obéis peut-être,
Instruit à vous aimer dès qu'il sut vous connaître,
Ce cœur jusqu'à la mort fait vœu de vous chérir.

BERTHIER, d'une voix étouffée.

Ah ! sire, avant ce jour que n'ai-je pu mourir !
(Napoléon les accompagne jusqu'à la porte, puis il revient et se laisse tomber d'épuisement sur un siége.)

SCÈNE VI.

NAPOLÉON, seul.

De tant d'émotions seul enfin je respire...
Ainsi l'heure est venue où je quitte l'empire !
Au sein de ma grandeur de ma chute averti,
Que de fois en secret ce jour fut pressenti !
Mais, sans cesse présente à mon esprit tranquille,
La mort contre un revers m'assurait d'un asile.
Le trépas finit tout, espoir, crainte, regret,

A des maux trop pesants remède toujours prêt.
Mais je ne meurs pas seul en entrant dans la tombe :
Chargé d'un intérêt qui périt si je tombe,
Je tranche l'avenir décidé sans retour,
Et je rends éternel le triomphe d'un jour ;
Quand d'un réveil sublime éblouissant le monde,
Le phénix peut sortir de sa cendre féconde.
Non, laissons faire au temps sans vouloir l'avancer.
   Allons, France, ton œuvre est à recommencer.
La fortune avec toi ne fait pas long divorce;
Et pour t'initier au secret de ta force,
J'ai porté ta puissance aussi loin que j'ai pu :
Reprends, sans t'étonner, l'ouvrage interrompu.
Les siècles sont à toi ; mais toujours libre et fière,
Ne te livre à personne, et jamais tout entière.
Fais grâce à mes erreurs ; car si je t'enivrais
A la coupe où tous deux nous bûmes à longs traits,
Mon âme sans repos éprise de ta gloire,
Vécut pour mériter de vivre en ta mémoire :
Chaque jour de mon règne accroîtra le renom,
Et plus cher à tes yeux verra grandir mon nom.
   Mais ma garde en ces lieux devrait être rendue :
Sa marche à quelque obstacle est-elle suspendue ?
La prise de Paris allant y retentir,
Devrait presser ses pas, loin de les ralentir.

      (Il approche de la fenêtre et aperçoit sa garde dans la cour.)

Que vois-je ? sous les murs du château, mon armée
En ordre de bataille était déjà formée.
Leur tristesse s'annonce, en entrant dans les cours,
Au silence de deuil prescrit à leurs tambours.
Que de pleurs vont couler sur ces visages hâves !
Quelle épreuve à subir pour le cœur de ces braves,
Où le coup qui m'atteint frappera plus affreux !
   Mais que se passe-t-il ? pour consulter entre eux,
Les armes en faisceaux, ils ont rompu les lignes...

Leurs gestes animés indiquent par leurs signes
Que l'entretien s'échauffe...

(Explosion de cris au dehors.)

VOIX CONFUSES.

A Paris ! à Paris !

NAPOLÉON.

Ah ! j'entends leur pensée éclater dans ces cris ;
Si par le désespoir l'excès se légitime,
Plutôt que de me perdre, il faut que tout s'abîme !

(Le tumulte redouble. — Il va pour sortir.)

SCÈNE VII.

NAPOLÉON, UN GÉNÉRAL DE LA GARDE.

LE GÉNÉRAL, accourant.

Sire, un bruit annonçant votre abdication,
Partout livre l'armée à la sédition.
De l'élan du soldat l'officier n'est plus maître ;
Dans chacun de leurs chefs ils soupçonnent un traître :
Ma voix dans le tumulte en vain veut réclamer...

NAPOLÉON.

Qu'ils entendent la mienne, et tout va se calmer,
Venez...

(Il va pour sortir et chancelle.)

Ah ! je ne puis... mon corps brisé s'affaisse...
Mais quoique leur désordre ait surpris ma faiblesse,
Mon aspect fera taire un camp tumultueux :
Qu'on introduise ici les plus impétueux.

(Le général sort.)

SCÈNE VIII.

NAPOLÉON, seul.

Oui, guidant sur Paris leur troupe mutinée,
Je puis, si je le veux, tenter la destinée.
Ils n'attendent de moi qu'un mot pour s'élancer ;
Mais ce mot... gardons-nous de le leur prononcer.

SCÈNE IX.

NAPOLÉON, LE GRENADIER, L'ITALIEN, LE HULAN POLONAIS, Autres Soldats.

NAPOLÉON, assis.

Qu'est-ce donc, mes enfants? Eh quoi! je vous regarde,
Et suis à demander si c'est ma vieille-garde;
Tant, aux cris menaçants qui remplissent ces lieux,
Mon oreille s'obstine à démentir mes yeux;
Je ne vous connais plus.

(Pendant qu'il parle, les soldats paraissent interdits.)

LE GRENADIER, balbutiant.

C'est que... vois-tu bien, sire...
(Croisant les bras, et d'un ton animé.)
Toi-même croiras-tu ce qu'on vient de nous dire?
Sur le bruit faux ou vrai que Paris s'est rendu,
On veut que, nous vivants, tu penses tout perdu,
Et que de désespoir tu jettes ton épée.
Mais avec notre sang la lame en fut trempée;
Tu ne peux déserter le poste où l'on t'a mis,
Sans trahir à la fois ta gloire et tes amis.
Réponds, est-ce dégoût ou défaut de courage?
Que devons-nous penser d'un soupçon qui t'outrage?
Est-ce là, par toi-même instruite à son devoir,
L'exemple que l'armée apprit à recevoir?

NAPOLÉON, avec hauteur.

Quel que soit le parti que je veuille résoudre,
Ce zèle impatient ne saurait vous absoudre.
Qui, jaloux plus que moi d'assurer son maintien,
Se fait de votre honneur l'inflexible gardien?
Toute offense à vos chefs s'adresse à ma personne.
Si le cœur au reproche aisément s'abandonne,
J'ai bien assez des maux dont le mien doit souffrir,
Sans qu'un nouveau chagrin vienne encor les aigrir.

LE GRENADIER, sanglotant.

Nous, vouloir t'affliger! ah! quitte ce langage...
Vingt balles dans mon corps feraient moins de ravage...
Écoute mes sanglots... dans mes yeux vois rouler
Ces larmes de douleur qui n'en peuvent couler...
Nous qui rachèterions chacune de tes peines
Au prix de tout le sang renfermé dans nos veines!
Pardonne si, trop loin poussant la passion,
Notre amour t'a blessé par son expression.

NAPOLÉON, attendri.

Croyez-moi, mes enfants, ma douleur est pareille :
L'amour qui nous unit n'est pas né de la veille :
Au lieu de m'accuser, plaignez-moi si je vis
Séparé désormais de vous et de mon fils.

LE GRENADIER, au désespoir.

Quoi! c'est donc décidé? tu pars; rien ne t'arrête,
Ni tes vieux compagnons, ni cette jeune tête !
Range autour de ton fils nos bras désespérés,
Qu'on vienne le chercher au sein de nos carrés :
Tiens-le sur ton cheval : ne crains pas qu'on y touche,
Tant que dans la giberne il reste une cartouche :

Et quand la poudre enfin manquerait quelque part,
Nos poitrines à nu lui feraient un rempart.

NAPOLÉON.

Non, voilà trop de sang qu'à la France il en coûte :
Que la source en vos cœurs ne s'épuise pas toute.
Responsable du prix que vous en attendez,
Vos services par moi seront recommandés.

LE GRENADIER, avec effusion.

Eh! qu'importe? Aux enfants on n'ôte pas leur père.
Ta présence est pour nous la vie et la lumière.
Qui de nous, dans le temps de sa jeune fureur,
Eût maîtresse adorée autant que l'Empereur?
Que dis-je? si l'armée est aussi ton épouse,
Elle a droit de parler en amante jalouse :
Depuis que nous courons le monde et les combats,
L'un à l'autre engagés nous marchons ici-bas;
Et le lien sacré qui les rendit communes,
Ne devait qu'à la mort séparer nos fortunes.
En cherches-tu le temps? Compte tous mes chevrons :
Et qu'on prétende encor que sans toi nous vivrons !

NAPOLÉON.

Ne te désole pas : je prends part à ta peine.
Écoute, à l'île d'Elbe avec moi je t'emmène.

LE GRENADIER, transporté.

Ah! tu me rends la vie... Adieu donc pour jamais,
France où j'aurais langui loin du chef que j'aimais.
Ces autres dont la gloire en est à sa naissance,
Avec nous sous le feu n'ont pas fait connaissance :
Et des hommes nouveaux excitant les mépris,
Notre culte pour lui ne serait plus compris.

L'ITALIEN.

Ce qu'on offre à son choix le mien le revendique.
Français sous l'Empereur, étranger s'il abdique,
A lui je tiens encor par un autre lien.

NAPOLÉON.

Qui donc es-tu?

L'ITALIEN.

        Je suis soldat italien.
Long-temps tu fus le dieu de mon idolâtrie ;
Car j'attendais de toi le don d'une patrie.
Faut-il que le soldat qu'on va congédier,
Près de l'Autrichien aille la mendier ?

NAPOLÉON, d'un ton pénétré.

Eh bien! viens avec moi.

LE HULAN POLONAIS.

           J'attends la même grâce :
Biens, famille, patrie, à suivre votre trace,
J'ai tout perdu dans l'âge où tout devient péril ;
Souffrez un Polonais déjà fait à l'exil.
Mon cœur qui vit en vous son étoile polaire,
Toujours se tournera vers l'astre qui l'éclaire.

NAPOLÉON, entre l'Italien et le Polonais.

Ainsi, non moins que vous, frappé dans mon espoir,
Je reste avec les vœux qu'il m'a fait concevoir.
La fortune se venge et nous traite en marâtre :
Opposons à ses coups un cœur opiniâtre.
Ces peuples généreux qu'elle a tant maltraités,

Par vous auprès de moi seront représentés.

(Aux autres.)

Sur mille hommes choisis pour former mon cortége,
Vous serez dans le nombre admis par privilége.
Allez : et dès le jour soyez prêts à partir.
Fatigué des combats que j'ai dû ressentir,
Pour préparer mon âme aux efforts qui l'attendent,
J'ai besoin qu'en repos ses ressorts se détendent.

TOUS, la main sur le cœur et avec décision.

Sire, à demain !

(La scène est restée vide et obscure. Un intervalle a
lieu, rempli par la musique. Le jour reparaît et la
scène change pour laisser voir la cour du château de
Fontainebleau, où la garde impériale est rangée
en bataille. Un roulement de tambours annonce 'a
présence de l'Empereur, qui descend lentement le
grand escalier, suivi de son état-major: il s'arrête sur
le front de ses troupes.)

SCÈNE X ET DERNIÈRE.

NAPOLÉON, LA GARDE IMPÉRIALE.

NAPOLÉON, d'une voix ferme et élevée.

Soldats, je vous fais mes adieux.
En tout temps je vous ai rencontrés sous mes yeux,

Fidèles à l'honneur. Je pars et je vous quitte ;
Mais toujours près de vous, quelque loin que j'habite,
Ma pensée et mes vœux vous suivront en esprit.
Dans mes nouveaux loisirs je mettrai par écrit,
Afin que de ma main l'avenir les rassemble,
Les grandes actions que nous fîmes ensemble.
Je vous sais tous par cœur : vous m'êtes, compagnons,
Connus par vos exploits ainsi que par vos noms ;
Et chacun à son rang s'y trouve ineffaçable
Comme dans tous vos cœurs je reste impérissable.
Allez : et désormais citoyens ou guerriers,
Rappelés dans les camps, ou bien dans vos foyers,
Devant cette attitude, imposant témoignage
Dont la vertu s'entoure et revêt son image,
Qu'on dise avec respect : c'était un des soldats
Qui de Napoléon accompagnaient les pas.
    Mes adieux à chacun voudraient pouvoir répondre ;
Dans un embrassement je vais tous vous confondre.
Approchez, général.

(Il embrasse le général de la garde, et promène ses regards
autour de lui, et d'une voix impérative.)

Hors de l'alignement
Que l'on fasse avancer l'aigle du régiment.

(Le porte-aigle s'avance, il contemple le drapeau avec émotion.)

O mon aigle chéri, fière et brillante idole,
Où ma gloire imprimait son magique symbole !
Je ne te verrai plus, pour prendre ton essor
Vers tous les points du monde, ouvrir tes ailes d'or !
Au-dessus du nuage élevé par la poudre,
Je ne te verrai plus planer avec ta foudre !
    Adieu ! que ces baisers mêlés à ces accents,
Au cœur de mes soldats passent retentissants.

(Attendrissement général. — Voix d'un groupe à l'avant-scène.)

UN VIEUX SOLDAT.

Ah ! j'en verse des pleurs de tendresse et de rage !

UN AUTRE.

Pour vivre maintenant il en coûte au courage !

UN JEUNE SOLDAT.

Salut ! derniers rayons d'un siècle de grandeur !

UN JEUNE OFFICIER.

Oui, l'empire n'est plus... mais, vive l'Empereur !

(La toile tombe sur ce cri répété dans les rangs.)

FIN.

www.ingramcontent.com/pod-product-compliance
Lightning Source LLC
Chambersburg PA
CBHW061433030726
47503CB00005B/1399